Schaum & Glas

★★★★★

Sind Sie mit diesem Titel zufrieden? Dann würden wir uns über Ihre Weiterempfehlung freuen. Erzählen Sie es im Freundeskreis, berichten Sie Ihrem Buchhändler oder bewerten Sie bei Onlinekauf. Und wenn Sie Kritik, Korrekturen, Aktualisierungen haben, freuen wir uns über Ihre Nachricht an:

Christian Verlag
Postfach 40 02 09
D-80702 München
oder per E-Mail an lektorat@verlagshaus.de

Verantwortlich: Sonya Mayer
Übersetzung aus dem Französischen: Barbara Holle
Textredaktion: Kirsten E. Lehmann
Korrektur: Regina Jooß
Layout: Ute Schneider, u.s.design
Satz: Mediaservice Rudi Stix, München
Umschlaggestaltung: Regina Degenkolbe
Herstellung: Bettina Schippel
Printed in Slovakia by Neografia

Unser komplettes Programm finden Sie unter:

www.christian-verlag.de

Die Deutsche Nationalbibliothek verzeichnet diese Publikation in der Deutschen Nationalbibliografie; detaillierte bibliografische Daten sind im Internet über http://dnb.d-nb.de abrufbar.

Sonderausgabe des 2012 erschienenen Titels »Schaum und Glas. 80 Rezepte für Espumas und feine Verrines« mit der ISBN 978-3-86244-149-5

ISBN 978-3-95961-591-4

Schaum & Glas

80 Rezepte für Espumas und feine Verrines

José Maréchal
Paul Simon

CHRISTIAN

Inhalt

Espumas & Chantilly

Kaum etwas hat in der kulinarischen Zunft der letzten Jahre wohl so viel Aufsehen erregt wie die köstlichen Espumas und Chantillys.

Espumas – das Wort „Espuma“ stammt aus dem Spanischen und bedeutet „Schaum“ – sind leichte köstliche Schäume, denen nachgesagt wird, dass sie die *„Seele“ eines Lebensmittels* zur Geltung kommen lassen. Sie basieren auf einer traditionellen, der Mousse verwandten Zubereitungstechnik. Anders als bei einer Mousse aber bleibt das *natürliche Aroma* der Grundzutaten – Gemüse und Früchte – bei den Espumas ebenso intensiv erhalten wie ihre *Vitamine und Mineralstoffe* – und nicht zuletzt auch ihre Farbe. Um dem Schaum Festigkeit zu verleihen, wird er mit Gelatine oder Agar-Agar zubereitet. Eine *Chantilly* – benannt nach der gleichnamigen französischen Stadt etwa 40 Kilometer nördlich von Paris – wird dagegen aus verschiedenen aromatischen Zutaten und Sahne hergestellt.

Espumas lassen sich aus *den verschiedensten Zutaten* zubereiten. Besonders geeignet sind Fleisch, Foie-gras, Fisch, Kaviar, Eier, Käse und Milch, Brot, Gemüse, Oliven, Kakao, Kräuter und Gewürze, frische und getrocknete Früchte, Marmeladen, Essig, Säfte sowie alkoholische Getränke und Wasser.

Die Utensilien

Zur Herstellung einer Chantilly oder einer Espuma benötigen Sie:

Einen Mixer

Damit werden die Zutaten zunächst verrührt und verflüssigt.

Ein feines Spitzsieb

Um ein Verstopfen des Siphons zu vermeiden, muss die Mischung flüssig und vollkommen glatt sein. Deshalb muss sie nach dem Pürieren noch durch ein Sieb passiert werden.

Einen Espuma-Siphon oder Sahneschäumer mit CO_2-Kartuschen (1)

Mit dem Siphon, der mit Druckluft arbeitet, lassen sich die unterschiedlichsten Zubereitungen in cremige, luftig-lockere Schäume verwandeln. Der Siphon ist leicht zu handhaben und besteht aus folgenden Elementen: einer Edelstahlflasche, in die die Zubereitung eingefüllt wird; dem sogenannten Gerätekopf (2), auf den der Kartuschenhalter (3) aufgeschraubt wird, und verschiedenen Tüllen (4) zum Aufspritzen der Schäume.

Was Sie außerdem wissen sollten

- Die in den Rezepten angegebenen Mengen sind so berechnet, dass sowohl ein kleiner (0,5 Liter Fassungsvermögen) als auch ein großer Siphon (1 Liter Fassungsvermögen) benutzt werden kann. Für den kleinen Siphon benötigt man eine, für den großen zwei Kartuschen (der Siphon muss jedes Mal nach dem Einschrauben einer Kartusche geschüttelt werden).

- Um eine schöne Emulsion zu erhalten, den Siphon senkrecht – mit dem Kopf nach unten – kräftig schütteln.

- Die Flasche aufrecht in den Kühlschrank stellen. Die Zubereitung kann so 24–48 Stunden aufbewahrt werden.

- Bevor Sie den Siphon in den Kühlschrank stellen, unbedingt erst die leere Kartusche abschrauben!

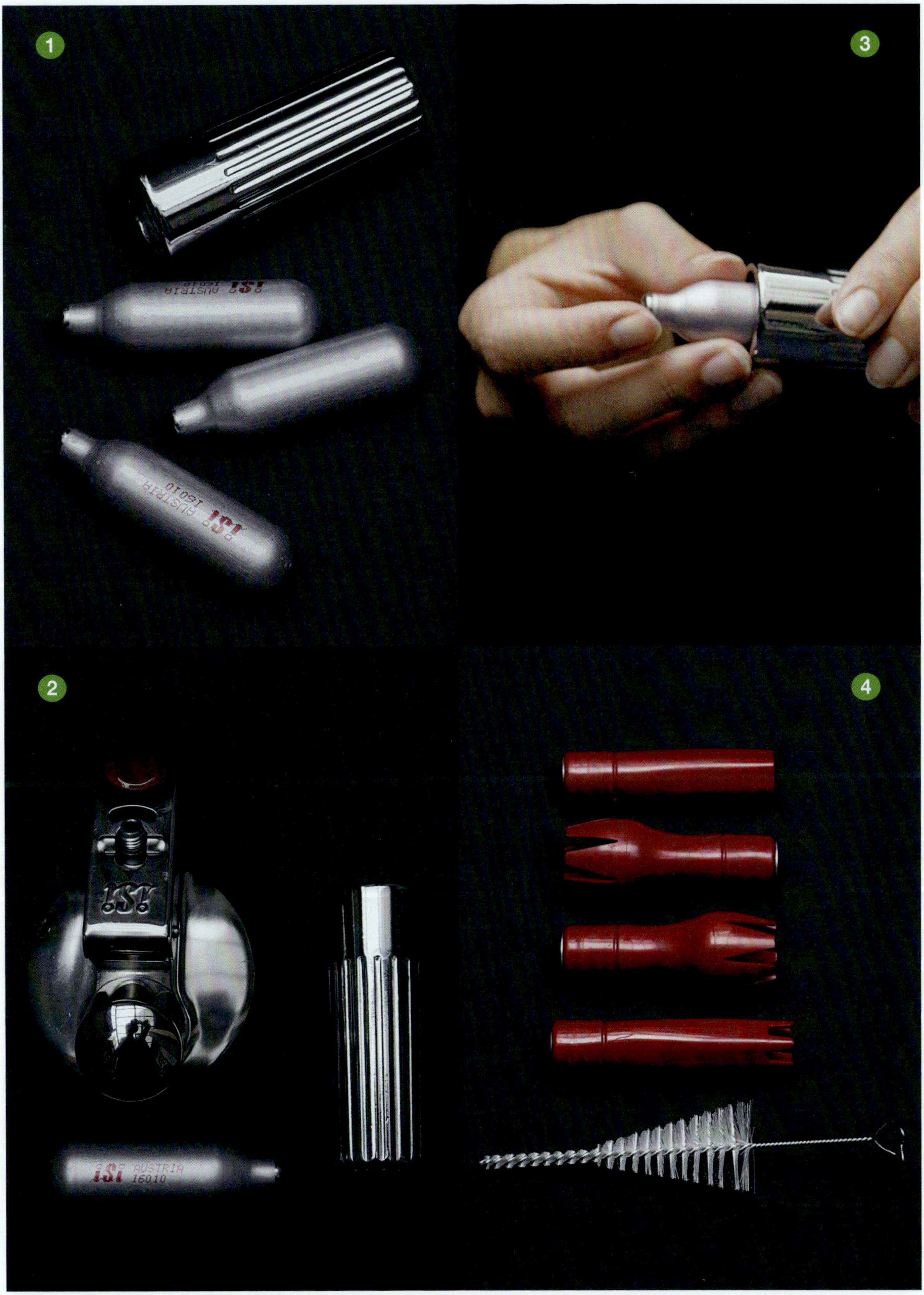
1
3
2
AUSTRIA
I6010
4

Anleitung für Chantillys

Eine Chantilly wird aus Schlagsahne und verschiedenen aromatischen Zutaten hergestellt.

Bevor man sie mit der Sahne mischt, müssen die festen Zutaten zunächst im Mixer püriert und danach durch ein feines Spitzsieb passiert werden. Die Mischung muss sehr flüssig sein, damit der Siphon nicht verstopft.

Die Chantilly vor dem Servieren stets im Kühlschrank kühlen und den Siphon vor Gebrauch mit dem Kopf nach unten schütteln.

Anleitung

1. Die Zubereitung in den Siphon gießen.

2. Den Gerätekopf aufschrauben.

3. Die Kartusche in den Kartuschenhalter einsetzen.

4. Den Kartuschenhalter auf den Siphon schrauben, bis der gesamte Kapselinhalt hörbar in die Flasche eingeströmt ist. Je nach Fassungsvermögen des Siphons noch eine weitere Kapsel aufschrauben. Den Kartuschenhalter anschließend abschrauben, und die Flasche für mehrere Stunden in den Kühlschrank stellen.

5. Den Siphon nach dem Kühlen schütteln. Nun ist er einsatzbereit. Den Siphon umdrehen und den Hebel betätigen, um die Chantilly aufzuspritzen.

1
2
3
4
5

Süße Chantillys

Chantilly mit Vanille

Verwendung: wie Schlagsahne

Zutaten

500 g Schlagsahne
1 Vanilleschote
100 g Zucker

▮ Die Zutaten verrühren (dabei darauf achten, dass sich der Zucker vollständig auflöst). Die Mischung in den Siphon füllen. Je nach Größe des Siphons 1–2 Kartuschen einsetzen, den Siphon schütteln und bis zum Gebrauch in den Kühlschrank stellen.

Chantilly mit Pistazien

Verwendung: zum Garnieren von Eisbechern

Zutaten

500 g Schlagsahne
2 EL Pistazienpaste
einige Tropfen Bittermandelöl
100 g Zucker

▮ Die Sahne mit dem Zucker erhitzen, Pistazienpaste und Bittermandelöl einrühren und schmelzen lassen. Die Mischung in den Siphon füllen. Je nach Größe des Siphons 1–2 Kartuschen einsetzen, den Siphon schütteln und mindestens 5 Stunden in den Kühlschrank stellen.

Chantilly mit Nutella

Verwendung: in Waffelhörnchen als Nachmittagssnack

Zutaten

500 g Schlagsahne
2 EL Nutella
50 g Zucker

▮ Die Sahne mit dem Zucker erhitzen, das Nutella hinzufügen und schmelzen lassen. Die Mischung in den Siphon füllen. Je nach Größe des Siphons 1–2 Kartuschen einsetzen, den Siphon schütteln und mindestens 5 Stunden in den Kühlschrank stellen.

Chantilly mit Grenadine

Verwendung: zum Garnieren von Grenadine-Milch

Zutaten

500 g Schlagsahne
100 ml Grenadinesirup

▮ Die Milch mit dem Sirup verrühren. Abschmecken und in den Siphon füllen. Je nach Größe des Siphons 1–2 Kartuschen einsetzen, den Siphon schütteln und bis zum Gebrauch in den Kühlschrank stellen.

Herzhafte Chantillys

Quark-Chantilly

Verwendung: mit frischen Kräutern verfeinert zum Abschluss der Mahlzeit

Zutaten

400 g Schlagsahne
100 g Quark (40 % Fett)
2 EL Olivenöl
Salz | Pfeffer

▮ Sahne, Quark und Olivenöl verrühren und mit Salz und Pfeffer würzen. Die Mischung muss sehr flüssig sein. In den Siphon füllen. Je nach Größe des Siphons 1–2 Kartuschen einsetzen, den Siphon schütteln und bis zum Gebrauch in den Kühlschrank stellen.

Chantilly mit Knoblauch

Verwendung: als Dip zu rohem Gemüse

Zutaten

500 g Schlagsahne
4 Knoblauchzehen
Salz | Pfeffer

▮ Den Knoblauch bei geringer Hitze in der Sahne kochen. Im Mixer verrühren, mit Salz und Pfeffer würzen und durch ein feines Spitzsieb passieren. Die Mischung in den Siphon füllen. Je nach Größe des Siphons 1–2 Kartuschen einsetzen, den Siphon schütteln und für mindestens 5 Stunden in den Kühlschrank stellen.

Mayonnaise-Chantilly

Verwendung: wie Mayonnaise

Zutaten

400 g Schlagsahne
1 EL Dijon-Senf
1 Eigelb
2 EL Olivenöl
Salz | Pfeffer

Die Sahne mit Senf, Eigelb und Öl verrühren und mit Salz und Pfeffer würzen. Die Mischung muss sehr flüssig sein. In den Siphon füllen. Je nach Größe des Siphons 1–2 Kartuschen einsetzen, den Siphon schütteln und bis zum Gebrauch in den Kühlschrank stellen.

Chantilly mit Curry

Verwendung: zu Hähnchenfleisch, z. B. in einem Sandwich

Zutaten

400 g Sahne
1 EL Currypulver
1 Prise Safran
Salz | Pfeffer

▮ Die Sahne mit Currypulver und Safran erhitzen. Mit Salz und Pfeffer würzen und in den Siphon füllen. Je nach Größe des Siphons 1–2 Kartuschen einsetzen, den Siphon schütteln und für mindestens 3 Stunden in den Kühlschrank stellen.

Anleitung für Espumas

Eine **Espuma** enthält keine oder nur wenig Sahne. Die Basis bildet ein Frucht- oder Gemüsepüree, eine Creme o. Ä.

Damit der Siphon nicht verstopft, muss die Zubereitung sehr flüssig sein. Deshalb muss sie, bevor sie in den Siphon gefüllt wird, durch ein feines **Spitzsieb** passiert werden.

Um dem Schaum Festigkeit zu verleihen, wird er mit **Gelatine oder Agar-Agar** zubereitet. Die Herstellung einer Espuma erfordert daher etwas mehr Zeit als die Zubereitung einer Chantilly, da die Gelatine schmelzen und die Mischung deshalb erhitzt werden muss. Auch die Kühlzeit ist länger als bei einer Chantilly (mindestens 3 Stunden).

Achtung, vor Gebrauch und während des Kühlens muss der Siphon **regelmäßig** mit dem Kopf nach unten **kräftig geschüttelt** werden, um eine schöne Emulsion zu erzielen. Espumas können auch heiß serviert werden (den Siphon dazu in ein 65 °C heißes Wasserbad stellen).

Anleitung

1. Die Gelatine in kaltem Wasser einweichen.
2. Die ausgedrückte Gelatine in die heiße Zubereitung einrühren.
3. Die Mischung in den Siphon füllen und den Gerätekopf aufschrauben.
4. Die Kartusche in den Kartuschenhalter einsetzen.
5. Den Kartuschenhalter auf den Siphon schrauben, bis der gesamte Kapselinhalt hörbar in die Flasche eingeströmt ist. Je nach Fassungsvermögen des Siphons noch eine weitere Kapsel aufschrauben. Den Kartuschenhalter anschließend abschrauben, und die Flasche für mehrere Stunden in den Kühlschrank stellen.
6. Den Siphon nach dem Kühlen schütteln. Nun ist er einsatzbereit. Den Siphon umdrehen und den Hebel betätigen, um die Espuma aufzuspritzen.

1
2
3
4
5
6
2 doses
1 litre
Gélifiant
alimentaire végétal
pour préparations sucrées ou salées

Die Vielfalt der Espumas

Espuma Colonel

Verwendung: auf Zitronensorbet

Zutaten

2 Blatt Gelatine (oder Agar-Agar)
10 cl Wodka | 100 ml Zitronensaft
300 ml Zitronensorbet

▮ Die Gelatine in kaltem Wasser einweichen. Den Wodka mit dem Zitronensaft erhitzen und das Sorbet darin schmelzen lassen. Sobald es geschmolzen ist, die ausgedrückte Gelatine mit dem Schneebesen einrühren. Die Mischung in den Siphon füllen. Je nach Größe des Siphons 1–2 Kartuschen einsetzen, den Siphon kräftig schütteln und für mindestens 3 Stunden in den Kühlschrank stellen.

Aprikosen-Espuma

Verwendung: auf Aprikosenkompott

Zutaten

3 Blatt Gelatine (oder Agar-Agar)
400 ml Aprikosensaft
300 g frische, reife Aprikosen

▮ Die Gelatine in kaltem Wasser einweichen. Den Aprikosensaft erhitzen und die Aprikosen 10 Minuten bei geringer Hitze darin kochen. Im Mixer pürieren und durch ein feines Spitzsieb passieren (die Mischung muss sehr flüssig sein). Die ausgedrückte Gelatine mit dem Schneebesen einrühren. Die Mischung in den Siphon füllen. Je nach Größe des Siphons 1–2 Kartuschen einsetzen, den Siphon kräftig schütteln und für mindestens 5 Stunden in den Kühlschrank stellen.

Tomaten-Espuma

Verwendung: zum Garnieren von Suppen

Zutaten

3 Blatt Gelatine (oder Agar-Agar)
200 ml Tomatensaft | 400 g Tomaten, enthäutet
2 EL Olivenöl | 2 EL Ketchup | Salz | Pfeffer

▮ Die Gelatine in kaltem Wasser einweichen. Den Tomatensaft mit Tomaten, Öl und Ketchup 10 Minuten köcheln lassen, im Mixer pürieren, durch ein feines Spitzsieb passieren (die Mischung muss sehr flüssig sein) und mit Salz und Pfeffer würzen.
Die ausgedrückte Gelatine mit dem Schneebesen einrühren. Die Mischung in den Siphon füllen. Je nach Größe des Siphons 1–2 Kartuschen einsetzen, den Siphon schütteln und für mindestens 3 Stunden in den Kühlschrank stellen.

Kürbis-Espuma

Verwendung: zu einer Pilzpfanne – einfach himmlisch!

Zutaten

2 Blatt Gelatine (oder Agar-Agar) | 1 Hokkaido-kürbis (400 g) | 1 Zwiebel | 1 Prise Zimt |
1 Prise Muskat | 1 EL Honig | Salz | Pfeffer

▮ Die Gelatine in kaltem Wasser einweichen. Den ungeschälten Kürbis klein schneiden und mit der Zwiebel kochen. Zusammen mit 200 Milliliter Kochflüssigkeit im Mixer pürieren. Durch ein feines Spitzsieb passieren (die Mischung muss sehr flüssig sein), die Gewürze und den Honig hinzufügen und mit Salz und Pfeffer abschmecken. Die ausgedrückte Gelatine mit dem Schneebesen einrühren.
Die Mischung in den Siphon füllen. Je nach Größe des Siphons 1–2 Kartuschen einsetzen, den Siphon kräftig schütteln und für mindestens 3 Stunden in den Kühlschrank stellen.

Cocktail-Espumas

Americano mit Campari-Espuma

Zubereitung: 10 Minuten
Kühlzeit: 3 Stunden
Für 10 Personen

Zutaten

Für die Espuma
3 Blatt Gelatine
10 cl Campari
Saft von 1 Zitrone
400 ml Orangensaft
1 EL Rohrzucker

15 cl Campari
15 cl Noilly Prat
10 cl trockener Martini
40 cl Martini Rosso
Zitronenzesten

- Die Gelatine in kaltem Wasser einweichen.
- Den Campari mit Zitronen- und Orangensaft sowie dem Zucker aufkochen.
- Die ausgedrückte Gelatine mit dem Schneebesen einrühren.
- Die Mischung in den Siphon füllen. Je nach Größe des Siphons 1–2 Kartuschen einsetzen, den Siphon umdrehen, schütteln und für mindestens 3 Stunden in den Kühlschrank stellen.
- Unmittelbar vor dem Servieren die Spirituosen miteinander verrühren, auf Gläser verteilen (die Gläser sollten zur Hälfte gefüllt sein), Eiswürfel und die Zitronenzesten dazugeben. Den Siphon mit dem Kopf nach unten kräftig schütteln und die Gläser mit der Espuma auffüllen.

Champagner-Espuma mit Brombeerlikör

Zubereitung: 10 Minuten
Kühlzeit: 3 Stunden
Für 10 Personen

Zutaten

Für die Espuma
3 Blatt Gelatine
500 ml Champagner
10 cl Brombeerlikör

1 Flasche Champagner Brut

- Die Gelatine in kaltem Wasser einweichen.
- Den Champagner mit dem Brombeerlikör aufkochen. Die ausgedrückte Gelatine mit dem Schneebesen einrühren.
- Die Mischung in den Siphon füllen. Je nach Größe des Siphons 1–2 Kartuschen einsetzen, den Siphon umdrehen, schütteln und für mindestens 3 Stunden in den Kühlschrank stellen.
- Unmittelbar vor dem Servieren zehn Sektschalen zur Hälfte mit Champagner füllen. Den Siphon mit dem Kopf nach unten kräftig schütteln und die Schalen mit der Espuma auffüllen.

Herzhafte Schäume

In diesem Kapitel erwarten Sie leckere *Gemüse-Espumas* – ob aus Tomaten, Spargel, Karotten oder Gurke. In schier unendlichen Variationen vermag Schaumiges aus Gemüse einen besonderen Akzent zu setzen, zum Beispiel auf eine sommerliche Gazpacho.

Und wem der Sinn nach einer *herzhaften Roquefort- oder Ziegenkäse-Chantilly* steht, der wird hier gleichfalls fündig. Einen anderen, nicht minder leckeren herzhaften Weg schlagen Rezepte mit Fois gras, Schinken- oder Lachs-Chantilly ein. *Exotische und erlesene Geschmackserlebnisse* aber versprechen eine Nuoc-Mam-Espuma, eine Safran- oder eine Limetten-Chantilly in Kombination mit rohen Doradenfiletstückchen, Jakobsmuschel-Carpaccio – oder Austern.

Ziegenkäse-Chantilly mit Gurke und Minze

Zubereitung: 15 Minuten
Für 6 Personen

Zutaten

Für die Chantilly
1 Sainte-Maure de Tourraine
200 g Schlagsahne
100 ml Milch
2 EL Honig
2 EL Olivenöl
Salz | Pfeffer

1 Salatgurke
1 Bund Minze, die Blätter gezupft
3 EL Olivenöl
3 EL Balsamico-Essig
1 Schalotte
Salz | Pfeffer

- Den Käse mit Sahne, Milch, Honig und Olivenöl im Mixer pürieren und mit Salz und Pfeffer abschmecken.
- Die Mischung in den Siphon füllen. Je nach Größe des Siphons 1–2 Kartuschen einsetzen, den Siphon schütteln und bis zum Gebrauch in den Kühlschrank stellen.
- Die Gurke halbieren.
- Die Schalotte und eine Gurkenhälfte schälen und fein schneiden.
- Die andere Gurkenhälfte mit Öl, Essig und den Minzeblättern (einige Blätter zum Garnieren aufheben) im Mixer pürieren. Mit der Gurken-Schalotten-Mischung vermengen und mit Salz und Pfeffer abschmecken.
- Die Hälfte der Gurkenmischung auf sechs Gläser verteilen. Den Siphon mit dem Kopf nach unten kräftig schütteln und eine Schicht Chantilly auf die Gurken aufspritzen. Den Vorgang wiederholen. Mit Minzeblättern garnieren und servieren.

Tipp: Der Sainte-Maure de Tourraine kann auch durch jeden anderen **Ziegenfrischkäse** ersetzt werden.

Gazpacho mit Espuma

Zubereitung: 20 Minuten
Kühlzeit: 3 Stunden
Für 6 Personen

Zutaten

Für die Espuma
2 Blatt Gelatine
300 g Tomaten
100 g Salatgurke
1 Schalotte
3 EL Olivenöl
1 EL Sherryessig
Salz | Pfeffer

1 Zucchini
1 Aubergine
2 Zwiebeln
1 rote Paprikaschote
1 gelbe Paprikaschote
1 grüne Paprikaschote
Olivenöl
Salz | Pfeffer

- Die Gelatine in kaltem Wasser einweichen.
- Die Tomaten mit kochendem Wasser überbrühen und enthäuten.
- Mit der gewürfelten Salatgurke und der fein geschnittenen Schalotte im Mixer pürieren.
- Die Mischung (sie muss sehr flüssig sein) durch ein feines Spitzsieb passieren. Öl und Essig unterrühren und mit Salz und Pfeffer abschmecken.
- Die Mischung in den Siphon füllen. Je nach Größe des Siphons 1–2 Kartuschen einsetzen, den Siphon umdrehen, schütteln und für mindestens 3 Stunden in den Kühlschrank stellen.
- Das Gemüse sehr fein würfeln, kurz in Olivenöl anschwitzen (es sollte noch Biss haben), mit Salz und Pfeffer würzen und kalt stellen.
- Die Hälfte des Gemüses auf sechs Gläser verteilen. Den Siphon mit dem Kopf nach unten kräftig schütteln und etwas Espuma auf das Gemüse spritzen. Den Vorgang wiederholen und sofort servieren.

Mimosa-Eier mit Spargel-Espuma

Vorbereitung: 15 Minuten
Kühlzeit: 3 Stunden
Für 6 Personen

Zutaten

Für die Espuma
1 Zwiebel
1 Bund grüner Spargel (250 g)
Salz
1 TL Dijon-Senf
1 Eigelb
1 EL Olivenöl
250 g Schlagsahne
Pfeffer

4 Eier
2 EL Mayonnaise,
mit dem Saft von 1 Zitrone verrührt
1 Stange roher grüner Spargel

- Die Zwiebel schälen und hacken.
- Die holzigen Enden der Spargelstangen abschneiden.
- Wasser in einem Topf zum Kochen bringen, salzen und den Spargel mit der Zwiebel 15 Minuten kochen.
- Unter fließendem kaltem Wasser abschrecken. Mit Senf, Eigelb und Öl im Mixer pürieren, die Sahne einrühren, durch ein feines Spitzsieb passieren und mit Salz und Pfeffer würzen.
- Die Mischung in den Siphon füllen. Je nach Größe des Siphons 1–2 Kartuschen einsetzen, den Siphon schütteln und für mindestens 3 Stunden in den Kühlschrank stellen.
- Die Eier hart kochen. Die Eiweiße grob hacken und die Eigelbe mit der Mayonnaise vermengen.
- Die rohe Spargelstange in kleine Späne hobeln.
- Nacheinander eine Portion Eiweiß, eine Schicht Spargel-Espuma, die Mayonnaise und nochmals eine Schicht Spargel-Espuma in Gläser füllen. Mit Spargelspänen und Eiweiß bestreuen und servieren.

Tipp: Die Spargel-Espuma passt auch sehr gut zu **Rohkostplatten**.

Espuma Tomate-Mozzarella

Zubereitung: 20 Minuten
Kühlzeit: 3 Stunden
Für 6 Personen

Zutaten

Für die Espuma
2 Blatt Gelatine
400 g Tomaten
2 EL Ketchup
100 g Schlagsahne
2 EL Olivenöl
Salz | Pfeffer

1 Bund Basilikum, die Blätter abgezupft
150 ml Olivenöl
Salz | Pfeffer
200 g Mozzarella
200 g getrocknete Tomaten in Öl

- Die Gelatine in kaltem Wasser einweichen.
- Die Tomaten mit kochendem Wasser überbrühen und enthäuten (die Schalen frittieren und zum Garnieren verwenden). Die Tomaten in Würfel schneiden, mit dem Ketchup im Mixer pürieren und danach durch ein feines Spitzsieb passieren.
- Die Tomaten-Coulis erhitzen, Sahne und Öl einrühren, zum Kochen bringen und die ausgedrückte Gelatine mit dem Schneebesen einrühren.
- Die Mischung in den Siphon füllen. Je nach Größe des Siphons 1–2 Kartuschen einsetzen, den Siphon umdrehen, schütteln und für mindestens 3 Stunden in den Kühlschrank stellen.
- Die Basilikumblätter fein hacken, mit dem Öl verrühren und mit Salz und Pfeffer abschmecken.
- Den Mozzarella in Würfel schneiden.
- Nacheinander eine Schicht getrocknete Tomaten, Mozzarella und etwas Basilikumöl in sechs Gläser füllen. Die Tomaten-Espuma kuppelförmig aufspritzen und mit den frittierten Tomatenschalen garnieren.

Tipp: Wenn's schnell gehen soll, statt frischer **Tomaten** geschälte Tomaten **aus der Dose** nehmen.

Karotten-Espuma mit Kreuzkümmel

Zubereitung: 30 Minuten
Kühlzeit: 3 Stunden
Für 6 Personen

Zutaten

Für die Espuma
3 Blatt Gelatine
300 g Karotten
2 Schalotten
200 ml Gemüsebrühe
100 ml Orangensaft
1 Prise gemahlener Kreuzkümmel
Salz | Pfeffer

300 g Karotten
1 EL Rohrohrzucker
1 EL Kreuzkümmel
Olivenöl
Fleur de Sel

- Die Gelatine in kaltem Wasser einweichen.
- Karotten und Schalotten schälen und fein hacken.
- Die Gemüsebrühe mit dem Orangensaft zum Kochen bringen und das Gemüse darin garen. Zucker und Kreuzkümmel hinzufügen, das Ganze im Mixer pürieren und danach durch ein feines Spitzsieb passieren. Mit Salz und Pfeffer abschmecken und die ausgedrückte Gelatine mit dem Schneebesen einrühren.
- Die Mischung in den Siphon füllen. Je nach Größe des Siphons 1–2 Kartuschen einsetzen, den Siphon schütteln und für mindestens 3 Stunden in den Kühlschrank stellen.
- Die geschälten Karotten in Salzwasser kochen und schräg in Scheiben schneiden. Mit Kreuzkümmel und Olivenöl vermischen und mit Fleur de Sel würzen.
- Die Karotten auf sechs Gläser verteilen. Den Siphon mit dem Kopf nach unten kräftig schütteln und die Espuma auf die Karotten spritzen.

Chantilly mit Lachstatar

Zubereitung: 20 Minuten
Für 6 Personen

Zutaten

Für die Chantilly
200 g Räucherlachs
1 TL Zitronensaft
1 TL Sojasauce
1 EL Olivenöl
300 g Schlagsahne

300 g Lachs
1 Stange Sellerie
1 Schalotte
Salz
50 g Erbsen
50 g Zuckerschoten
50 g Flageoletbohnen
1 Stängel Koriandergrün
100 ml Olivenöl
Pfeffer
Räucherlachs, in feine Streifen geschnitten, zum Garnieren

- Den Räucherlachs mit Zitronensaft, Sojasauce und Olivenöl im Mixer pürieren, die Sahne einrühren und die Mischung durch ein feines Spitzsieb passieren.
- Die Mischung in den Siphon füllen. Je nach Größe des Siphons 1–2 Kartuschen einsetzen, den Siphon schütteln und bis zum Gebrauch in den Kühlschrank stellen.
- Lachs und Sellerie fein würfeln.
- Die Schalotte schälen und hacken.
- Erbsen, Zuckerschoten und Bohnen in Salzwasser kochen. Die Zuckerschoten schräg in Streifen schneiden.
- Die Korianderblätter abzupfen und hacken.
- Lachs, Gemüse und Koriandergrün mit dem Olivenöl mischen und mit Salz und Pfeffer abschmecken.
- Das Lachstatar ringförmig in sechs hohen Dessertringen anrichten. Den Siphon schütteln und die Chantilly kuppelförmig aufspritzen. Mit den Räucherlachsstreifen garnieren, die Ringe entfernen und servieren.

Tipp: Die Räucherlachs-Chantilly zum Aperitif mit **kleinen Toasts** oder **Blini** servieren.

Marinierte Dorade mit Safran-Chantilly

Zubereitung: 20 Minuten
Für 6 Personen

Zutaten

Für die Chantilly
300 g Schlagsahne
1 Prise Safran
1 Prise Paprikapulver
1 Prise Salz
Saft von 1 Limette
Salz | Pfeffer

4 Doradenfilets
Saft und Schale von 1 unbehandelten Limette
1 EL Olivenöl
1 TL Sojasauce
20 g rote Johannisbeeren
6 Stängel Schnittlauch, in streichholzlange Stifte geschnitten
1 Stängel Dill

- Die Sahne mit den Gewürzen und dem Limettensaft verrühren und mit Salz und Pfeffer abschmecken.
- Die Mischung in den Siphon füllen. Je nach Größe des Siphons 1–2 Kartuschen einsetzen, den Siphon schütteln und bis zum Gebrauch in den Kühlschrank stellen.
- Die Fischfilets enthäuten und in schmale Streifen schneiden.
- Den Limettensaft mit Olivenöl und Sojasauce verrühren.
- Die Fischfilets auf sechs Tellern anrichten, mit der Vinaigrette überziehen, mit Johannisbeeren, Schnittlauch, Dillzweiglein und Limettenzesten bestreuen. Den Siphon schütteln und die Safran-Chantilly kuppelförmig aufspritzen.

Jakobsmuschel-Carpaccio mit Limetten-Chantilly

Zubereitung: 20 Minuten
Für 8 Personen

Zutaten

Für die Chantilly
300 g Schlagsahne
Saft von 2 Limetten
1 EL Sojasauce
1 EL Olivenöl
1 Prise gemahlener Kardamom

6 Jakobsmuschelnüsschen
1 EL Olivenöl
1 EL Sojasauce
abgeriebene Schale von 1 unbehandelten Limette
1 Frühlingszwiebel
50 g Alfalfasprossen
3 Stängel Schnittlauch

- Die Sahne mit Limettensaft, Sojasauce, Olivenöl und Kardamom verrühren.
- Die Mischung in den Siphon füllen. Je nach Größe des Siphons 1–2 Kartuschen einsetzen, den Siphon schütteln und bis zum Gebrauch in den Kühlschrank stellen.
- Die Jakobsmuscheln in dünne Scheiben schneiden und rosettenförmig auf acht Tellern anrichten.
- Das Olivenöl mit Sojasauce und Limettenschale verrühren.
- Über die Jakobsmuscheln gießen. Die fein geschnittene Frühlingszwiebel und die Alfalfasprossen darüberstreuen. Die Chantilly kuppelförmig aufspritzen und mit Schnittlauch garnieren.

Tipp: Die Limetten-Chantilly ist der ideale Begleiter **zu rohem Fisch**.

Austern mit Nuoc-Mam-Espuma

Zubereitung: 15 Minuten
Kühlzeit: 3 Stunden
Für 4 Dutzend Austern

Zutaten

Für die Espuma
3 Blatt Gelatine
100 ml Nuoc Mam (asiatische Fischsauce)
150 ml Olivenöl
150 ml Zitronensaft
150 g Zucker

48 Austern
Wasabisenf

- Die Gelatine in kaltem Wasser einweichen.
- Die Nuoc Mam mit Olivenöl, Zitronensaft und Zucker erhitzen, bis sich der Zucker aufgelöst hat. Die ausgedrückte Gelatine mit dem Schneebesen einrühren.
- Die Mischung in den Siphon füllen. Je nach Größe des Siphons 1–2 Kartuschen einsetzen, den Siphon schütteln und für mindestens 3 Stunden in den Kühlschrank stellen.
- Die Austern öffnen und das Wasser wegschütten.
- Den Siphon mit dem Kopf nach unten kräftig schütteln, etwas Espuma auf die Austern spritzen und mit einer Messerspitze Wasabisenf garnieren.

Foie-gras-Chantilly auf geröstetem Gewürzbrot

Zubereitung: 20 Minuten
Für 6 Personen

Zutaten

Für die Chantilly
150 g rohe Foie gras
1 Prise 4-Gewürze-Pulver (Pfeffer, Muskat, Piment, Nelken)
1 TL weißer Portwein
250 g Schlagsahne
Salz | Pfeffer

100 g Gewürzbrot
200 g rohe Foie gras
Balsamico-Essig
Salz | Pfeffer

- Die Foie gras von Haut und Adern befreien.
- Mit 4-Gewürze-Pulver und Portwein im Mixer pürieren, die Sahne einrühren und die Mischung durch ein feines Spitzsieb passieren.
- Die Mischung in den Siphon füllen. Je nach Größe des Siphons 1 – 2 Kartuschen einsetzen, den Siphon schütteln und bis zum Gebrauch in den Kühlschrank stellen.
- Das Brot in kleine Würfel schneiden und ohne Fett in einer Pfanne rösten.
- Die Foie gras von den Nervensträngen befreien und in grobe Würfel schneiden.
- Eine beschichtete Pfanne erhitzen, die Foie gras goldbraun braten und mit einem Schuss Balsamico-Essig ablöschen.
- Die Foie gras mit den Brotwürfeln auf sechs Tellern anrichten. Den Siphon schütteln und die Chantilly kuppelförmig aufspritzen.

Tipp: Probieren Sie diese Chantilly auch einmal zu **frischen Tagliatelle** mit rohem Schinken!

Hörnchennudeln mit Schinken-Chantilly

Zubereitung: 20 Minuten
Für 6 Personen

Zutaten

Für die Chantilly
200 g Pariser Kochschinken
1 EL Walnussöl
1 TL Senf
1 Eigelb
1 EL Ketchup
300 g Schlagsahne
Salz | Pfeffer

200 g Hörnchennudeln
2 Zweige Estragon
2 Stängel Kerbel
1 Frühlingszwiebel
50 g Butter
50 ml Tomatensauce

- Den Schinken mit Öl, Senf, Eigelb und Ketchup im Mixer pürieren. Die Sahne einrühren, mit Salz und Pfeffer würzen und durch ein feines Spitzsieb passieren.
- Die Mischung in den Siphon füllen. Je nach Größe des Siphons 1–2 Kartuschen einsetzen, den Siphon schütteln und bis zum Gebrauch in den Kühlschrank stellen.
- Die Nudeln al dente kochen.
- Die Hälfte der Estragonblätter mit den Kerbelblättern hacken. Die Frühlingszwiebel der Länge nach fein schneiden.
- Die Nudeln mit Butter, Tomatensauce, Estragon und Kerbel mischen und mit Salz und Pfeffer abschmecken.
- Die Nudeln in eine Schüssel füllen, den Siphon schütteln und die Chantilly kuppelförmig aufspritzen. Mit Estragonblättern und der Frühlingszwiebel garnieren und servieren.

Entenbrust mit Roquefort-Chantilly

Zubereitung: 15 Minuten
Kühlzeit: 3 Stunden
Für 8 Personen

Zutaten

Für die Chantilly
100 g Roquefort
300 g Schlagsahne
1 EL flüssiger Honig

1 geräucherte Entenbrust
2 Stangen Sellerie

- Den Roquefort bei geringer Hitze in der Sahne schmelzen lassen und den Honig einrühren.
- Die Mischung in den Siphon füllen. Je nach Größe des Siphons 1–2 Kartuschen einsetzen, den Siphon schütteln und für mindestens 3 Stunden in den Kühlschrank stellen.
- Die Entenbrust in dünne Scheiben schneiden.
- Den Sellerie in Stifte schneiden.
- Den Siphon schütteln, die Chantilly kuppelförmig auf acht Esslöffel spritzen und je eine Scheibe Entenbrust mit einem Selleriestift darauf anrichten.

Serranoschinken mit Bohnen-Espuma

Zubereitung: 30 Minuten
Kühlzeit: 3 Stunden
Für 6 Personen

Zutaten

Für die Espuma
2 Blatt Gelatine
200 g Flageoletbohnen
250 ml Geflügelbrühe
150 g Schlagsahne
1 EL Rapsöl
Salz | Pfeffer

3 Scheiben Serranoschinken
50 g Flageoletbohnen

- Die Gelatine in kaltem Wasser einweichen.
- Die Bohnen blanchieren und die Häutchen entfernen. Anschließend in der Brühe kochen und mit Sahne, Öl, Salz und Pfeffer im Mixer pürieren. Durch ein feines Spitzsieb passieren und die ausgedrückte Gelatine mit dem Schneebesen einrühren.
- Die Mischung in den Siphon füllen. Je nach Größe des Siphons 1–2 Kartuschen einsetzen, den Siphon schütteln und für mindestens 3 Stunden in den Kühlschrank stellen.
- Den Schinken in schmale Streifen schneiden und sechs Gläser damit auskleiden. Den Siphon mit dem Kopf nach unten kräftig schütteln, die Espuma in die Gläser spritzen und jedes Glas mit einer rohen Bohne garnieren.

Tipp: Die Bohnen-Espuma eignet sich auch hervorragend als **Füllung für Schinkenröllchen**.

Süße Schäume

Wenn allein der *Gedanke an süße Schäume* unsere Sinne zu betören vermag – *wie verführerisch* werden Sie und Ihre Gäste erst die Rezeptvorschläge auf den folgenden Seiten finden? Lassen Sie klassische Desserts wie eine Crème brûlée oder ein Tiramisu von einer Chantilly begleiten, versuchen Sie eine fruchtige Erdbeer-Chantilly und Basilikum auf frischen Erdbeeren – oder lassen Sie sich eine Apfel- oder Ananas-Espuma, vielleicht aber auch eine exotische Maracuja-Espuma – etwa zu Milchreis – *auf der Zunge zergehen*. Ein Irish Coffee mit Chantilly-Krone oder eine Mojito-Espuma zeigen, wie aus altbewährten Klassikern bisher unerkannte *schaumige Verführer* werden!

Pariser Creme mit Karamell-Chantilly

Zubereitung: 15 Minuten
Kühlzeit: 3 Stunden
Für 8 Personen

Zutaten

Für die Chantilly
500 g Schlagsahne
20 weiche Karamellbonbons
100 g Farinzucker

Für die Creme
200 g Schlagsahne
100 g Zartbitterschokolade
40 g Butter
20 g Krokant

- Die Sahne für die Chantilly zum Kochen bringen. Die Karamellbonbons und den Zucker hinzufügen und bei geringer Hitze unter Rühren schmelzen lassen.
- Die Mischung in den Siphon füllen. Je nach Größe des Siphons 1–2 Kartuschen einsetzen, den Siphon schütteln und für mindestens 3 Stunden in den Kühlschrank stellen.
- Die Sahne für die Creme zum Kochen bringen, Schokolade und Butter dazugeben und das Ganze zu einer glatten Creme verrühren.
- Die Creme auf acht kleine Gläser verteilen und etwa 10 Minuten im Kühlschrank stocken lassen. Den Siphon schütteln, die Chantilly kuppelförmig auf die Creme spritzen und mit Krokant bestreuen.

Tipp: Schmeckt auch vorzüglich, wenn man mit **gesalzener Butter** hergestellte **Karamellbonbons** nimmt!

Crème-brûlée-Chantilly

Zubereitung: 1 Stunde
Für 8 Personen

Zutaten

Für die Chantilly
4 Eigelb
100 g Zucker
500 g Schlagsahne
½ Vanilleschote
Farinzucker

50 g Krokant, zerstoßen

- Die Eigelbe mit dem Zucker cremig aufschlagen und die Sahne unterrühren.
- Die Vanilleschote mit einem scharfen Messer aufschlitzen, das Mark herauskratzen und unter die Sahnemischung rühren.
- Die Mischung auf acht ofenfeste Förmchen verteilen und in einem Wasserbad 30 Minuten im 150 °C heißen Backofen garen. Um die Garprobe zu machen, mit der Spitze eines Messers hineinstechen (das Messer muss beim Herausziehen sauber bleiben). Die Creme abkühlen lassen, danach mit Farinzucker bestreuen und den Zucker unter dem Backofengrill oder mit einem Lötkolben karamellisieren.
- Die Cremes zusammen im Mixer pürieren, die Mischung in den Siphon füllen. Je nach Größe des Siphons 1–2 Kartuschen einsetzen, den Siphon schütteln und bis zum Servieren in den Kühlschrank stellen.
- Den Siphon schütteln, die Chantilly kuppelförmig in Dessertschalen spritzen und mit Krokant bestreuen.

WAITING FOR
DEAD SOULS NIKOLAI GOGOL

Tiramisu mit Mascarpone-Chantilly

Zubereitung: 30 Minuten
Für 6 Personen

Zutaten

Für die Chantilly
2 Eigelb
100 g Zucker
150 g Mascarpone
500 g Schlagsahne
1 TL Zimt
1 Päckchen Vanillezucker

1 EL Whisky
250 ml Espresso
100 g Löffelbiskuits
Kakaopulver

- Die Eigelbe mit dem Zucker cremig aufschlagen. Mascarpone, Sahne, Zimt und Vanille unterrühren.
- Die Mischung in den Siphon füllen. Je nach Größe des Siphons 1–2 Kartuschen einsetzen, den Siphon schütteln und bis zum Servieren in den Kühlschrank stellen.
- Den Whisky mit dem Espresso verrühren und die Löffelbiskuits darin tränken.
- Die Hälfte der Biskuits auf sechs Gläser verteilen. Den Siphon schütteln und etwas Chantilly kuppelförmig auf die Biskuits spritzen. Den Vorgang noch einmal wiederholen. Die Desserts mit Kakaopulver bestäuben und servieren.

Erdbeeren mit Erdbeer-Chantilly und Basilikum

Zubereitung: 15 Minuten
Kühlzeit: 3 Stunden
Für 8 Personen

Zutaten

Für die Chantilly
300 g frische Erdbeeren
Saft von 1 Zitrone
100 g Zucker
1 EL Olivenöl
300 g Schlagsahne

300 g Erdbeeren
8 Basilikumblätter
Saft von 1 Zitrone

- Die Erdbeeren mit Zitronensaft, Zucker und Öl im Mixer pürieren und danach durch ein feines Spitzsieb passieren.
- Die Sahne einrühren und die Mischung in den Siphon füllen. Je nach Größe des Siphons etwa 1–2 Kartuschen einsetzen, den Siphon schütteln und für mindestens 3 Stunden in den Kühlschrank stellen.
- Die Erdbeeren klein schneiden und mit dem fein geschnittenen Basilikum und dem Zitronensaft mischen.
- Die Hälfte der Erdbeeren auf acht Dessertschalen verteilen und etwas Chantilly aufspritzen. Den Vorgang anschließend wiederholen.

Gemischtes Eis mit Bananen-Chantilly

Zubereitung: 20 Minuten
Für 6 Personen

Zutaten

Für die Chantilly
1 Banane
Saft von ½ Zitrone
50 g Zucker
4 Kugeln Vanilleeis, geschmolzen
300 g Schlagsahne

50 g Zartbitterschokolade
150 g Schlagsahne
6 Kugeln Vanilleeis
6 Kugeln Schokoladeneis
6 Kugeln Erdbeereis

- Die Banane in Scheiben schneiden, mit Zitronensaft, Zucker und Vanilleeis im Mixer pürieren und die Sahne einrühren.
- Die Mischung in den Siphon füllen. Je nach Größe des Siphons 1–2 Kartuschen einsetzen, den Siphon schütteln und bis zum Servieren in den Kühlschrank stellen.
- Die Schokolade in der Sahne schmelzen.
- Die lauwarme Schokolade auf sechs Dessertschalen verteilen und je eine Kugel Vanille-, Schokoladen- und Erdbeereis hinzufügen. Den Siphon schütteln und die Chantilly kuppelförmig aufspritzen.

Mandelplätzchen mit Zitronen-Chantilly

Zubereitung: 25 Minuten
Kühlzeit: 3 Stunden
Für 8 Personen

Zutaten

Für die Chantilly
400 g Schlagsahne
3 Eigelb
100 g Zucker
Saft von 3 Zitronen

200 g Mehl
80 g Zucker
50 g gemahlene Mandeln
1 Prise Zimt
120 g weiche Butter in kleinen Stücken
2 Baisers

- Die Sahne in einem kleinen Topf zum Kochen bringen.
- Die Eigelbe in einen zweiten Topf geben, mit der kochenden Sahne übergießen und den Zucker hinzufügen. Die Mischung bei geringer Hitze unter Rühren eindicken lassen, bis sie an einem Löffelrücken haften bleibt.
- Den Zitronensaft unter die Creme rühren.
- Die Mischung in den Siphon füllen. Je nach Größe des Siphons 1–2 Kartuschen einsetzen, den Siphon schütteln und für mindestens 3 Stunden in den Kühlschrank stellen.
- Das Mehl mit Zucker, Mandeln und Zimt mischen und kurz mit der Butter zu einem weichen Teig verkneten. Den Teig in Frischhaltefolie einschlagen und 10 Minuten im Kühlschrank ruhen lassen.
- Den Teig ausrollen, Plätzchen daraus ausstechen und 10 Minuten im vorgeheizten Backofen bei 180 °C goldbraun backen.
- Die Chantilly kuppelförmig auf die Plätzchen spritzen und mit den zerkrümelten Baisers bestreuen.

Tipp: Wenn Sie keine Zeit zum Backen haben, einfach acht zerkrümelte **Spekulatius** auf acht Gläser verteilen, die Chantilly aufspritzen, mit Zitronenschale und zerkrümelten Baisers bestreuen und unter dem Backofengrill gratinieren.

Milchreis mit Maracuja-Espuma

Zubereitung: 30 Minuten
Kühlzeit: 3 Stunden
Für 6 Personen

Zutaten

Für die Espuma
3 Blatt Gelatine
600 ml Maracujasaft
Saft von 1 Zitrone

150 g Rundkornreis
500 ml Milch
150 g Zucker
100 g Schlagsahne
6 Maracujas

- Die Gelatine in kaltem Wasser einweichen.
- Maracuja- und Zitronensaft zum Kochen bringen und die ausgedrückte Gelatine mit dem Schneebesen einrühren.
- Die Mischung in den Siphon füllen. Je nach Größe des Siphons 1–2 Kartuschen einsetzen, den Siphon umdrehen, schütteln und für 3 Stunden in den Kühlschrank stellen.
- Den Reis mit Milch und Zucker kochen und vollständig erkalten lassen. Die geschlagene Sahne vorsichtig unterziehen.
- Den Reis abwechselnd mit Maracujafruchtfleisch und -saft sowie der Espuma (den Siphon vor dem Aufspritzen umdrehen und kräftig schütteln) auf sechs Gläser verteilen und mit einer Schicht Fruchtfleisch abschließen.

Karamellisierte Äpfel mit Streuseln und Apfel-Espuma

Zubereitung: 45 Minuten
Kühlzeit: 3 Stunden
Für 6 Personen

Zutaten

Für die Espuma
2 Blatt Gelatine
2 Äpfel (Granny Smith)
300 ml Apfelsaft
10 cl Calvados

2 Äpfel (Granny Smith)
100 g Zucker
50 g Butter
50 g gemahlene Mandeln
50 g Mehl

- Die Gelatine in kaltem Wasser einweichen.
- Die Äpfel schälen und die Kerngehäuse entfernen. Apfelsaft und Calvados in einem Topf erhitzen und die Äpfel bei geringer Hitze darin weich kochen.
- Den Topfinhalt im Mixer sehr fein pürieren. Durch ein feines Spitzsieb passieren und die ausgedrückte Gelatine mit dem Schneebesen einrühren.
- Die Mischung in den Siphon füllen. Je nach Größe des Siphons 1–2 Kartuschen einsetzen, den Siphon schütteln und für mindestens 3 Stunden in den Kühlschrank stellen.
- Die Äpfel schälen, die Kerngehäuse entfernen und das Fruchtfleisch in Spalten schneiden.
- Aus 50 Gramm Zucker und 1 Esslöffel Wasser einen Karamell herstellen und die Äpfel darin weich garen.
- Die Butter zerlassen und mit Mandeln, Mehl und dem restlichen Zucker zu einem krümeligen Teig verarbeiten. Den Teig auf ein Stück Backpapier krümeln und im vorgeheizten Backofen bei 160 °C goldbraun backen.
- Die karamellisierten Apfelspalten auf sechs Gläser verteilen. Den Siphon mit dem Kopf nach unten kräftig schütteln, die Espuma aufspritzen und mit den Streuseln bestreuen.

Ananas-Espuma mit Rum

Zubereitung: 45 Minuten
Kühlzeit: 3 Stunden
Für 6 Personen

Zutaten

Für die Espuma
3 Blatt Gelatine
600 ml Ananassaft
10 cl brauner Rum

2 frische Ananas
10 cl brauner Rum
100 g Zucker
2 Vanilleschoten

- Die Gelatine in kaltem Wasser einweichen.
- Den Ananassaft mit dem Rum aufkochen und die ausgedrückte Gelatine mit dem Schneebesen einrühren.
- Die Mischung in den Siphon füllen. Je nach Größe des Siphons 1–2 Kartuschen einsetzen, den Siphon schütteln und für mindestens 3 Stunden in den Kühlschrank stellen.
- Die Ananas schälen (dabei auch die »Augen« entfernen) und in Scheiben schneiden. Das holzige Innere mit einem Messer herausschneiden und die Scheiben auf ein Stück Backpapier legen.
- Den Zucker karamellisieren lassen und die Ananasscheiben darin weich kochen. Den Rum hinzufügen und einkochen lassen.
- Auf jeden Teller eine Ananasscheibe legen. Den Siphon mit dem Kopf nach unten kräftig schütteln und etwas Espuma aufspritzen. Den Vorgang zweimal wiederholen. Die Vanilleschoten in jeweils drei gleich große Stücke brechen und in die Ananasscheiben stecken.

Irish Coffee mit Chantilly

Zubereitung: 5 Minuten
Für 10 Personen

Zutaten

Für die Chantilly
300 g Schlagsahne
10 cl Baileys
5 cl Grand Marnier

40 cl irischer Whisky
200 ml Rohrzuckersirup
10 Tassen Espresso

- Die Sahne mit Baileys und Grand Marnier verrühren.
- Die Mischung in den Siphon füllen. Je nach Größe des Siphons 1–2 Kartuschen einsetzen, den Siphon schütteln und bis zum Gebrauch in den Kühlschrank stellen.
- Den Whisky mit dem Sirup erhitzen und auf zehn Gläser verteilen.
- Den ungesüßten Espresso vorsichtig darübergießen (er darf sich nicht mit dem Whisky vermischen) und die Chantilly kuppelförmig aufspritzen.

Mojito-Espuma

Zubereitung: 20 Minuten
Kühlzeit: 3 Stunden
Für 8 Personen

Zutaten

Für die Espuma
3 Blatt Gelatine
30 cl weißer Rum
100 ml Zitronensaft
200 ml Limonade
50 ml Rohrzuckersirup
10 frische Minzeblätter

zerstoßenes Eis
20 frische Minzeblätter

- Die Gelatine in kaltem Wasser einweichen.
- Den Rum mit Zitronensaft, Limonade, Sirup und Minzeblättern erhitzen und 15 Minuten ziehen lassen. Die Minze anschließend herausnehmen und die ausgedrückte Gelatine mit dem Schneebesen einrühren.
- Die Mischung in den Siphon füllen. Je nach Größe des Siphons 1–2 Kartuschen einsetzen, den Siphon kräftig schütteln und für mindestens 3 Stunden in den Kühlschrank stellen.
- Unmittelbar vor dem Servieren den Siphon mit dem Kopf nach unten kräftig schütteln, die Espuma in Gläser spritzen, das Eis hinzufügen und mit frischen Minzeblättern dekorieren.

All

Verrines

Die Idee kommt aus Frankreich – und erobert in jüngster Zeit nicht nur in Restaurants, sondern auch an Festtagstafeln und Familientischen, auf Partys und Büffets ganz Europa: *Kulinarische Kreationen im Glas.*

Kleiner Aufwand, große Wirkung – im Glas farbenprächtig geschichtet und garniert, gerät Ihnen jede Vorspeise und jedes Dessert, der kleine Happen zwischendurch und das Mitbringsel zur Party zur Augenweide wie zum echten „Amuse-Gueule“, zur Gaumenfreude.

So lassen sich Gerichte aus Rohkost und Gemüse, Lachs und Meeresfrüchten, Fleisch oder Frischkäse auf edle und dekorative Weise zubereiten. Und erst recht Ihre Süßspeisen und Desserts werden im Glas zur *erlesenen Köstlichkeit* – ob knuspriges Gebäck, die Früchte pur, als Coulis und Sorbets … oder zum Beispiel eine Schokoladengranita mit einem Schuss Baileys.

Mit verführerischen Farben und Texturen – in breiten oder hohen, ovalen oder runden Gläsern geschichtet, getürmt und einfallsreich dekoriert – werden Sie Ihre Gäste und Gastgeber gleichermaßen begeistern!

Praktische Tipps

Die Küchenausstattung

Um verschiedene Lagen in ein ausgewähltes Glasgefäß zu schichten, sind Fingerspitzengefühl und – je nach Konsistenz der Zutaten – unterschiedliche Einfüllmethoden hilfreich. Der Einsatz eines Spritzbeutels ist ideal für Mousses, Cremes, Gemüsepürees und andere weiche Massen sowie für flüssige Zutaten wie Sirup oder Coulis. **Spritzbeutel** sind als Einmalprodukt und als wieder verwendbare Variante in Haushaltswarengeschäften erhältlich. Ein Spritzbeutel lässt sich im Handumdrehen auch selbst herstellen: Schneiden Sie einfach eine kleine Ecke von einem Gefrierbeutel ab. **Mini-Spritzbeutel aus Papier** sind ideal für feinere Schokoladenverzierungen, Karamellgespinste, kleine Zeichnungen, Beschriftungen usw. Einfach aus Pergamentpapier ein rechtwinkliges Dreieck ausschneiden und zu einer Spitztüte formen!

Für Zutaten mit festerer Konsistenz wie zurechtgeschnittenes Gemüse oder Obst empfehlen sich **Löffel** verschiedener Größen – etwa ein Mokkalöffel (kleiner Kaffeelöffel) und ein Eis- oder Latte-Macchiato-Löffel (mit langem Stiel), je nach Durchmesser und Höhe der verwendeten Gläser.

Zum Zurechtschneiden von Gebäck und zum Ausstechen von Teig – oder um Kreise von der Größe des verwendeten Glases zu erhalten – sind **Ausstechförmchen** aus der Patisserie nützlich. Sie können aber auch einfach ein **umgedrehtes Glas** verwenden, das Sie unter vorsichtigem Drehen auf den Teig oder das Gebäck drücken. Knusprige Lagen machen sich zudem hervorragend als eigenständige Schicht in Ihrer Glasspeise!

Möglicherweise möchten Sie für ein Büffet oder eine Einladung etwas im Voraus zubereiten; hierfür bieten sich herkömmliche **Eiswürfelbehälter** oder solche aus Silikon an, die Sie mit Coulis (Fruchtpüree), Mousses und Ähnlichem füllen und einfrieren können. Am Tag der Einladung müssen die entsprechenden Zutaten dann nur noch aus dem Eiswürfelbehälter herausgelöst und zusammen mit den letzten Zutaten in Gläser gefüllt werden – und Ihre Köstlichkeit im Glas ist im Handumdrehen fertig!

Die Kunst des Improvisierens

In beinahe jedem Vorratsschrank werden sich **Kompotte und Konfitüren** finden – und (meistens) auch die Früchte, die dafür verwendet werden. Für ihre Verwendung sollte nur eine Regel gelten: Saisonalität – also etwa Erdbeerkonfitüre im Frühsommer und Apfel-Rhabarber-Kompott im Herbst. In Chutneys lassen sich damit auch gewagtere Kombinationen realisieren. Bei einem **Chutney** handelt es sich um eine Art Würzsauce aus Früchten (Mango, Ananas, Kokosnuss usw.) oder **Gemüsen** (Zwiebeln, Auberginen, Tomaten usw.). Ein Chutney ist immer eine Mischung aus würzig, süß und sauer, ob püriert oder mit Frucht- bzw. Gemüsestückchen versetzt – der gemeinsame Nenner heißt: süß-sauer!

Ob rosafarbene Roses de Reimes oder Löffelbiskuits – zerkrümelt oder leicht getränkt–, buttrige, mürbe Sandplätzchen oder Schokoladenkekse, Hippengebäck oder Reiswaffeln, knusprige Cigarettes russes (Waffelröllchen) oder oder oder … Möglicherweise haben Sie es bisher nicht bemerkt, doch Ihr Vorratsschrank ist eine wahre Fundgrube für Gebäck. Mithilfe von süßem **Gebäck** – aber auch von salzigem wie Salzbrezeln, Grissini und Tacos – lassen sich die abwechslungsreichsten Glasspeisen zaubern: mit Knabber-Knusper-Effekt und immer gut für eine Überraschung!

Pistazien, Mandelblättchen, Kokosnuss, Hasel-, Macadamia- und Pekannüsse – und nicht zu vergessen Korinthen, Orangen- oder Zitronenschale, kandierte Kirschen oder Angelika (Engelwurz), Datteln, getrocknete Aprikosen und Feigen: Die Möglichkeiten sind schier unendlich, um Ihren Speisen im Glas das gewisse kulinarische Etwas zu verleihen. Greifen Sie ruhig einmal zu den Klassikern unter den **Nüssen und getrockneten und kandierten Früchten**. Was halten Sie z. B. von Pistazien im Crumble-Teig oder von fein geschnittenem kandiertem Ingwer in einer Schokoladencreme?

Schlagsahne, die auf verschiedenste Art – etwa mit Vanille, mit Kakao, Gewürzen oder Früchten – angereichert und aromatisiert wird, ist eine Grundzutat vieler Verrinen. Damit sie gelingt, sollte nicht nur die Sahne, sondern auch die Schüssel, in der Sie sie schlagen wollen (und am besten auch der Schneebesen oder die Rührbesen), vor dem Schlagen gut gekühlt werden. **Ein Sahnespender** eignet sich durchaus nicht nur zum Sahneschlagen. Auch Saft, Frucht-Coulis, Kokosmilch usw. lassen sich damit im Handumdrehen in eine locker-luftige Mousse verwandeln.

Sahne, Früchte- oder Gemüse-Coulis, Ahornsirup, Sirup aus grünem Tee, als zarte Geleeschicht oder als krönender Abschluss: **Coulis, Saucen, Sirupe und Cremes** verleihen Ihren Speisen im Glas auf ebenso ansehnliche wie delikate Weise Farbe.

Muskat und Minze, Gewürznelken und Zimt, aber auch Curry, Kreuzkümmel, Kardamom, Salbei oder Safran sowie viele kulinarische Souvenirs aus dem Asien- oder Orient-Urlaub – **Kräuter, Gewürze und aromatische Zutaten** sorgen für willkommene Abwechslung bei Ihren Glasspeisen.

6 petits suisses au lait frais
fabriqués en Bretagne
Longley Farm
NATURAL
COTTAGE
CHEESE
FROMAGE FRAIS 27% M.G.
VERSE KAAS 27% V.G.

Herzhaftes aus dem Glas

Die Rezepte in diesem Kapitel stellen Ihnen Gerichte vor, deren *einfallsreiche Zusammensetzungen* für eine Darreichung im Glas geradezu „sprechen". Was halten Sie zum Beispiel von Melonenbällchen mit Portwein, Grissini und Parmaschinken? Oder von Lachstartar mit Apfel und roten Johannisbeeren?

Mit Blick auf die schier *unendliche Vielfalt an Kombinationsmöglichkeiten* eignet sich die *Avocado* ausgesprochen gut für Zubereitungen im Glas: Ihre Farbe und ihre cremige Textur setzen neben beinahe jeder Partnerzutat in dem durchsichtigen Gehäuse dekorativ wie geschmacklich einen besonderen Akzent. Probieren Sie einmal *Lachs-Tapioka mit Kreuzkümmel-Guacemole* ... oder den Avocado-Milchshake mit Krebsfleisch!

Möhren-Apfel-Salat mit Sprossen

Zubereitung: 25 Minuten
Durchziehen: 30 Minuten
Für 4 Personen

Zutaten

Für den Salat
4 EL Sonnenblumenkerne
500 g Bundmöhren
2 große säuerliche Äpfel (z. B. Braeburn)
2 EL Zitronensaft
50 g Sprossen (z. B. Alfalfa- oder Radieschensprossen)
4 große Salatblätter (z. B. Batavia)

Für das Dressing
100 g griechischer Joghurt (10 % Fett)
2 TL mittelscharfer Senf
1 TL Currypulver
Salz | Pfeffer

- Die Sonnenblumenkerne in einem Pfännchen bei schwacher Hitze goldbraun rösten, vom Herd nehmen und abkühlen lassen.

- Die Möhren schälen und grob raspeln. Die Äpfel schälen, vierteln, das Kerngehäuse entfernen und die Viertel ebenfalls grob raspeln. Die Apfelraspel sofort mit dem Zitronensaft mischen, damit sie nicht braun werden.

- Für das Dressing Joghurt, Senf und Currypulver verrühren und mit Salz und Pfeffer würzig abschmecken. Die Möhren- und Apfelraspel untermischen und 30 Minuten durchziehen lassen.

- Die Sprossen in einem Sieb kalt abbrausen und gut abtropfen lassen. Den Salat durchmischen und nochmals abschmecken. Die Salatblätter waschen, trocken tupfen und vier Schalen damit auslegen. Den Salat daraufgeben und mit gerösteten Sonnenblumenkernen und den Sprossen garnieren. Dazu schmeckt Vollkornbrot mit Butter und Cidre oder Apfelsaft.

- **Varianten:** Wenn Sie keinen griechischen (oder türkischen) Joghurt bekommen, mischen Sie einfach je 2 Esslöffel **Naturjoghurt** (3,5 Prozent Fett) und **Crème fraîche** oder **Schmand**.

- Statt der Apfelraspel schmeckt auch **Ananas** (etwa 200 Gramm, frisch oder aus der Dose) und statt gerösteter Sonnenblumenkerne können Sie auch **grob gehackte Walnusskerne** darüber streuen.

Toskanischer Bohnensalat mit knusprigen Salbeiblättern

Zubereitung: 25 Minuten
Einweichen: 12 Stunden
Vorgaren: 90 Minuten
Für 6 Personen

Zutaten

250 g getrocknete weiße Bohnen (Cannellini)
etwa 1,2 l Gemüsebrühe
3 Knoblauchzehen
6 EL Olivenöl
1 Tetrapak Tomatenpüree (370 g)
4 Strauchtomaten
Salz | Pfeffer
4–5 EL Rotweinessig
12 große Salbeiblätter

▮ Die Bohnen in einer Schüssel mit kaltem Wasser bedecken und 12 Stunden einweichen. Anschließend abgießen, in einem Topf mit Gemüsebrühe bedecken und in 90 Minuten weich kochen.
Durch ein Sieb abgießen und abtropfen lassen.

▮ Den Knoblauch schälen und fein hacken. 3 Esslöffel Öl in einem Topf erhitzen, den Knoblauch darin anbraten. Bohnen und Tomatenpüree dazugeben und 15 Minuten bei schwacher Hitze zugedeckt schmoren, gelegentlich umrühren. Mit Salz, reichlich Pfeffer aus der Mühle und dem Essig würzen. Etwas abkühlen lassen.

▮ Die Tomaten waschen, quer halbieren, die Samen entfernen und die Hälften fein würfeln. Unter die Bohnen rühren und nochmals mit Salz, Pfeffer und Essig abschmecken.

▮ Die Salbeiblätter waschen und mit Küchenpapier gut trocken tupfen. Das übrige Öl in einer Pfanne erhitzen und die Salbeiblätter darin etwa 1 Minute knusprig braten. Herausnehmen und auf Küchenpapier abtropfen lassen.

▮ Den Bohnensalat in Schalen oder Gläser verteilen und mit den Salbeiblättern garniert servieren.

Avocado-Orangen-Milchshake mit Krebsfleisch

Zubereitung: 10 Minuten
Kühlzeit: mindestens 1 Stunde
Für 6–8 Gläser

Zutaten

1 reife Avocado
1 EL Zucker
Saft von 2 Orangen
100 ml Milch
200 g Krebsfleisch

Die Zucker- und die Flüssigkeitsmenge kann nach Belieben verringert oder erhöht werden, je nachdem, wie flüssig der Shake sein soll. Für eine pikante Variante den Zucker weglassen und den Shake mit etwas Salz und Pfeffer würzen.

- Die Avocado halbieren und den Kern entfernen. Die Hälften schälen, das Fruchtfleisch klein schneiden und mit Zucker und Orangensaft im Mixer pürieren. Nach und nach die Milch hinzufügen, bis ein glattes Püree entstanden ist. Die Mischung anschließend für mindestens 1 Stunde in den Kühlschrank stellen.

- Den gut gekühlten Milchshake auf Gläser verteilen und das zerkleinerte Krebsfleisch darüberstreuen.

Lachstatar mit Apfel und roten Johannisbeeren

Zubereitung: 15 Minuten
Kühlzeit: 20 Minuten
Für 6–8 Gläser

Zutaten

400 g frisches Lachsfilet
1 grüner Apfel (Granny Smith)
5 EL Zitronensaft
3 EL Olivenöl
1 Schalotte
1 kleine Schale rote Johannisbeeren
Salz | Pfeffer

- Den Lachs häuten, entgräten und fein würfeln.

- Den ungeschälten Apfel in Spalten schneiden und fein würfeln.

- Die Lachs- und die Apfelwürfel mischen und mit Zitronensaft und Olivenöl beträufeln. Die fein geschnittene Schalotte und die Johannisbeeren hinzufügen, mit Salz und Pfeffer würzen und die Zutaten vorsichtig durchmischen. Das Tatar in Gläsern anrichten und vor dem Servieren für mindestens 20 Minuten kalt stellen.

Melonenbällchen mit Portwein, Grissini und Parmaschinken

Zubereitung: 20 Minuten
Kühlzeit: 10 Minuten
Für 4–6 Gläser

Zutaten

50 g halbgesalzene Butter
50 g Zucker
25 cl roter Portwein
1 Honigmelone
¼ Wassermelone
6 dünne Scheiben Parmaschinken
1 Packung Grissini

▮ Die Butter aus dem Kühlschrank nehmen, damit sie weich wird. Zucker und Portwein bei geringer Hitze in einem kleinen Topf auf die Hälfte einkochen und den Sirup anschließend abkühlen lassen.

▮ Mit einem Kugelausstecher kleine Kugeln von den Melonen abstechen (oder die Früchte in Würfel schneiden). Die Schinkenscheiben der Länge nach dritteln. Die Grissini bis zur halben Höhe mit der weichen Butter bepinseln, mit den Schinkenstreifen umwickeln und kalt stellen.

▮ Die Melonenkugeln auf Gläser verteilen. Unmittelbar vor dem Servieren die Grissini in die Gläser stecken und die Melonen mit dem Sirup überziehen.

Tipp: Vorsicht! Die **Grissini** saugen sich schnell mit der **Flüssigkeit** voll. Die Stangen deshalb erst **kurz vor dem Servieren** in die Gläser geben oder **getrennt** dazu reichen.

Rotkrautsalat mit Cranberry-Dressing

Zubereitung: 30 Minuten
Marinieren: 1 Stunde
Für 4 Personen

Zutaten

Für den Salat
60 g getrocknete Cranberries
150 ml Apfelsaft
2 Gewürznelken
1 Sternanis
1 kleine Zimtstange
½ Kopf Rotkraut (Rotkohl, ca. 500 g)
Salz
2 EL Pekannüsse (nach Belieben)

Für das Dressing
Salz | Pfeffer
1 TL Dijonsenf
2 EL Cranberryessig
(ersatzweise Rotweinessig)
4 EL Sonnenblumen- oder Rapsöl

- Die getrockneten Cranberries mit dem Apfelsaft und den Gewürzen in einem Topf aufkochen, 5 Minuten bei schwacher Hitze zugedeckt köcheln lassen. Vom Herd nehmen und lauwarm abkühlen lassen.

- Inzwischen das Rotkraut in feine Streifen hobeln oder schneiden und in eine Schüssel geben. ½ Teelöffel Salz darüberstreuen und 1–2 Minuten mit den Händen durchkneten, bis das Kraut weich wird.

- Die Cranberries durch ein Sieb abgießen, den Sud dabei auffangen. Die Gewürze entfernen. Den Sud mit je einer Prise Salz und Pfeffer, Senf und Essig verquirlen und das Öl unterschlagen. Das Dressing und die Cranberries unter das Kraut mischen. Zugedeckt bei Zimmertemperatur 1 Stunde durchziehen lassen.

- Den Rotkrautsalat vor dem Servieren noch einmal abschmecken, in ein Sieb geben und kurz abtropfen lassen. Auf vier Teller verteilen. Nach Belieben die Pekannüsse grob hacken und darüberstreuen. Dazu schmeckt Vollkornbaguette mit Butter.

Tipp: Der Salat eignet sich als **vegetarische Vorspeise** und passt, als Beilage, gut **zu Wild** oder **Entenbrust**.

Scharfer Möhrensalat mit Garnelenspießen

Zubereitung: 30 Minuten
Für 4–8 Personen

Zutaten

Für den Salat
1 Bund Koriandergrün
2 EL Zitronengras-Chili-Öl
250 g gegarte Garnelen (Gambas aus der Kühltheke)
500 g saftige Bundmöhren
2 Frühlingszwiebeln
1 große grüne Chilischote

Für das Dressing
4 EL Zitronensaft
⅓ TL Salz | Zucker
4 EL Sonnenblumenöl

Außerdem
8 Holzspieße (12 cm lang)

▮ Das Koriandergrün waschen, trocken schütteln, von 3–4 Stielen die Blättchen abzupfen (den Rest beiseitelegen) und fein hacken. In einer kleinen Schüssel mit dem Zitronengras-Chili-Öl verrühren und die Garnelen darin einlegen.

▮ Die Möhren vom Grün befreien, schälen und grob raspeln. Die Frühlingszwiebeln putzen, waschen und schräg in feine Ringe schneiden. Die Chilischote längs aufschneiden, entkernen, waschen und fein schneiden. Vom übrigen Koriandergrün die Blättchen abzupfen.

▮ Für das Dressing den Zitronensaft mit dem Salz und einer Prise Zucker verrühren und das Öl unterschlagen. Möhrenraspel, Frühlingszwiebeln, Chili und Korianderblättchen untermischen.

▮ Die Garnelen auf die Spieße stecken. Den Salat in acht Gläser oder vier Schalen verteilen und je einen bzw. zwei Garnelenspieße darauflegen.

▮ **Vegetarische Variante:** Die Garnelenspieße weglassen, dafür 200 Gramm klein gewürfelte **frische Ananas** unter den Möhrensalat mischen und diesen vor dem Servieren mit **gerösteten Mandelstiften** bestreuen.

Lachs-Tapioka mit Kreuzkümmel-Guacamole

Zubereitung: 25 Minuten
Kühlzeit: 30 Minuten
Für 4–6 Gläser

Zutaten

80 g Tapioka
Salz
3 EL Olivenöl
Saft von 2 Zitronen
Pfeffer
4 Scheiben Räucherlachs
3 Avocados
1 gestrichener TL gemahlener Kreuzkümmel

- Die Tapioka in kochendem Salzwasser wie Nudeln kochen. Unter fließendem kaltem Wasser abschrecken, mit dem Olivenöl und dem Saft von 1 Zitrone mischen, mit Salz und Pfeffer würzen und kalt stellen.

- Den Räucherlachs fein würfeln.

- Die Avocados schälen, halbieren und die Kerne entfernen. Das Fruchtfleisch mit dem Saft der zweiten Zitrone, Kreuzkümmel, Salz und Pfeffer pürieren.

- Den Lachs mit der Tapioka mischen. Anschließend die Guacamole (am besten mit einem Spritzbeutel) in die Gläser füllen und darauf die Lachs-Tapioka-Mischung häufen. Für 30 Minuten in den Kühlschrank stellen und gut gekühlt servieren.

Reis auf spanische Art

Zubereitung: 35–40 Minuten
Kühlzeit: 25 Minuten
Für 8–12 Gläser

Zutaten

1 Zwiebel
4 EL Olivenöl
1 rote Paprikaschote
2 g Safran
250 g Reis
1 kleines Bouquet garni (alternativ 1 zerkrümelten Hühner- oder Gemüsebrühwürfel)
125 g Chorizo
125 g Erbsen (tiefgekühlt)

- Die fein geschnittene Zwiebel in einer Pfanne im Olivenöl goldgelb anschwitzen. Die Paprikaschote von Samen und Haut befreien, fein würfeln und zur Zwiebel geben. Den Safran darüberstreuen und das Gemüse 1 Minute bei mittlerer Hitze unter Rühren dünsten.

- Den Reis und das Bouquet garni (oder den Brühwürfel) dazugeben und 1–2 Minuten unter Rühren anschwitzen. 3 Gläser Wasser angießen und den Reis ohne Deckel köcheln, bis er die Flüssigkeit aufgesogen hat.

- In der Zwischenzeit die Chorizo fein würfeln. 5 Minuten, bevor der Reis gar ist, die Chorizo mit den Erbsen in die Pfanne geben.

- Den Reis gegebenenfalls mit Salz und Pfeffer abschmecken (die Chorizo und der Brühwürfel sind bereits salzig), vollständig auskühlen lassen und in Gläsern anrichten.

Feines Rindfleischsülzchen

Zubereitung: 5 Stunden 50 Minuten
Für 10 – 15 Gläser

Zutaten

2 kg Rindfleisch aus der Wade oder der Schulter
½ Kalbsfuß
500 g Ochsenschwanz
1 Stange Lauch
2 Zwiebeln
2 Möhren
2 Gewürznelken
1 Bouquet garni (Thymian, Lorbeer, Petersilienstängel, Lauchgrün)
1 Stange Sellerie
1 Knolle Knoblauch
10 g grobkörniges Salz
10 g Pfefferkörner (schwarz)

- Das Fleisch und den Ochsenschwanz in einen Schmortopf geben, mit kaltem Wasser bedecken und kräftig aufkochen. Anschließend das Fleisch herausnehmen, abspülen und in einen sauberen Schmortopf geben.

- Den Lauch, den Sellerie und die Möhren waschen, in große Würfel schneiden und zum Fleisch in den Schmortopf geben. Die Zwiebeln schälen, mit den Gewürznelken spicken und zusammen mit dem Bouquet garni, den Knoblauchzehen, dem Salz und dem Pfeffer hinzufügen. Alles mit Wasser bedecken und etwa 5 Stunden leise köcheln.

- Danach das Fleisch aus der Bouillon nehmen, den Kalbsfuß wegwerfen. Das Gemüse ebenfalls herausnehmen und beiseitestellen, die Bouillon bei mittlerer Temperatur auf drei Viertel der Menge einkochen, durch ein feinmaschiges Sieb abgießen und abkühlen lassen.

- Das Fleisch und das Gemüse nach dem vollständigen Abkühlen in kleine Würfel schneiden und in die vorgesehenen Gläser füllen. Mit der abgekühlten Bouillon übergießen und für mindestens 12 Stunden kühl stellen.

Tipp: Das Rezept eignet sich hervorragend zur Resteverwertung – z. B. von **Suppenfleisch**. Dann sind die Sülzchen im Nu zubereitet. Im Kühlschrank sind sie **2 – 3 Tage haltbar**. Servieren Sie sie gut gekühlt mit etwas zur Nocke geformtem **körnigem Senf**.

Mini-Gemüseflans

Zubereitung: 55 Minuten
Für 15–18 kleine Gläser

Zutaten

Spinat-Muskatnuss
200 g tiefgekühlter gehackter Spinat
1 knapper TL Muskatnuss

Möhre-Kreuzkümmel
1 Möhre
1 TL Kreuzkümmelsamen

Zucchini-Minze
1 Zucchini
½ Bund Minze

Flan
200 g Schlagsahne
100 ml Milch
4 Eier
1 knapper TL Salz
3 Prisen Pfeffer

▮ Am Vortag den Spinat zum schonenden Auftauen in den Kühlschrank legen. Am Tag der Zubereitung die Möhre schälen, waschen, in große Stücke schneiden, in Salzwasser garen, anschließend mit kaltem Wasser abschrecken und beiseitestellen. Die Zucchini waschen, in kleine Würfel schneiden und ein Drittel der vorgesehenen Gläser damit füllen. Die frische Minze in feine Streifen schneiden und zu den Zucchiniwürfeln geben. Den aufgetauten Spinat gründlich mit der Hand ausdrücken, um möglichst viel Flüssigkeit herauszupressen, falls nötig, zerkleinern und gleichmäßig auf das zweite Drittel der vorgesehenen Gläser verteilen, die geriebene Muskatnuss zugeben.

▮ In einer großen Schüssel die Eier kräftig aufschlagen. Die Schlagsahne, die Milch sowie Salz und Pfeffer hinzufügen und gründlich mischen. Jeweils eine kleine Menge der cremigen Masse auf die bereits mit Gemüse gefüllten Gläschen verteilen; den Rest mit den Möhrenstücken pürieren, sodann die restlichen Gläser damit füllen.

▮ Alle Gläschen in eine Auflaufform stellen, die Form zu zwei Dritteln mit heißem Wasser füllen. Die mit Möhren gefüllten Gläschen mit einigen Kreuzkümmelsamen bestreuen. Die Auflaufform in den vorgeheizten Backofen schieben und bei 160 °C 15–20 Minuten garen. Zum Überprüfen des Gargrades mit einem Messer in den Inhalt eines Glases oder verschiedener Gläser stechen: Ist die Klinge nach dem Herausziehen sauber, ist der Gemüseflan gar.

Auberginenkaviar mit Ricotta und Coppa

Zubereitung: 45 Minuten
Kühlzeit: 45 Minuten
Für 4–6 Gläser

Zutaten

2 Auberginen
2 Zwiebeln
5 Knoblauchzehen
1 Zweig Thymian
1 TL Tomatenmark
1 kleines Glas Olivenöl
50–80 g Ricotta
5–6 Scheiben Coppa
Salz | Pfeffer

- Die Auberginen der Länge nach halbieren, das Fruchtfleisch mit einem Messer rautenförmig einschneiden und in eine ofenfeste Form legen. Die Zwiebeln und den Knoblauch abziehen, in grobe Würfel schneiden, über die Auberginen geben und mit Olivenöl beträufeln. Mit Salz und Pfeffer würzen, die abgezupften Thymianblättchen hinzufügen und im vorgeheizten Backofen bei 200 °C etwa 25 Minuten garen.

- Nach dem Abkühlen das Fruchtfleisch der Auberginen mit einem Esslöffel aus den Schalen lösen. Zusammen mit den Zwiebeln sowie Knoblauch, Tomatenmark und etwas Olivenöl im Mixer pürieren. Kühl stellen.

- Den Auberginenkaviar mithilfe eines Kaffeelöffels oder eines Spritzbeutels in die Gläser füllen und darauf den Ricotta geben. Die Coppa in feine Streifen schneiden und zur Rose geformt auf den Ricotta setzen.

Riesengarnelen mit Sprossen

Zubereitung: 20 Minuten
Kühlzeit: 10 Minuten
Für 6–8 Gläser

Zutaten

16–20 Riesengarnelen
3 EL Olivenöl zum Garen der Garnelen
1 Eigelb
Saft von 1 Zitrone
8 EL Olivenöl
Salz | Pfeffer
150 g junger Blattspinat
60 g Soja-Sprossen oder Alfalfasprossen

▮ Die Riesengarnelen schälen, dabei das Schwanzende an der Garnele belassen. Kühl stellen. Später die Garnelen in etwas Olivenöl in einer Pfanne 2 Minuten pro Seite anbraten, danach auf einen mit saugfähigem Küchenpapier ausgelegten Teller legen.

▮ Das Eigelb mit dem Zitronensaft in eine kleine Schüssel geben, aufschlagen und nach und nach das Olivenöl in dünnem Strahl unterschlagen. Nach Belieben mit Salz und Pfeffer abschmecken.

▮ Den jungen Blattspinat und die Sprossen miteinander vermischen.

▮ Unmittelbar vor dem Servieren die Spinat-Sprossen-Mischung gleichmäßig auf die vorgesehenen Gläser verteilen, darauf die Riesengarnelen setzen und nach Belieben mit der Zitronenmayonnaise beträufeln. Sofort servieren.

Gemüse-Charlotte

Zubereitung: etwa 45 Minuten
Für 4 Gläser (Einmachgläser mit Bügelverschluss, 125 g Inhalt)

Zutaten

250 g Ratatouille aus dem Glas (Konserve)
250 g Auberginenkaviar aus dem Glas (Konserve)
½ Knolle Sellerie
1 Möhre
1 Zucchini
1 Dose/Glas Tomatensauce
120 g Ricotta
1 Bund Basilikum
Salz | Pfeffer
Olivenöl

- Den Sellerie schälen, in große Würfel schneiden und in Salzwasser garen. In der Zwischenzeit die Möhre schälen, dann zuerst in Stücke und danach in Scheiben schneiden, die in der Höhe genau in die vorgesehenen Gläser passen. Bei der Zucchini nach derselben Methode verfahren, hierbei jedoch nur Stücke mit grüner Schale verwenden. Die Möhren 2 Minuten in kochendem Salzwasser blanchieren, dann die Zucchini knapp 1 Minute darin blanchieren und anschließend beides in kaltem Wasser abschrecken. Den gegarten Sellerie abgießen, zusammen mit etwas Olivenöl in eine kleine Schüssel geben und mit einer Gabel zerdrücken. Abschmecken und beiseitestellen.

- Von den Basilikumzweigen die Blätter abzupfen (einige für die Dekoration zurückbehalten) und in feine Streifen schneiden. Die Basilikumstreifen mit dem Ricotta vermischen und mit Salz und Pfeffer würzen.

- Den Boden der vorgesehenen Gläser mit einer Schicht Selleriepüree bedecken. Die Innenwände mit den zurechtgeschnittenen Möhren- und Zucchinischeiben auskleiden. In die Gläser nun erst eine Lage Ratatouille füllen, dann eine Schicht Basilikumricotta, darauf eine Lage Auberginenkaviar. Den Abschluss bildet die Tomatensauce.

- Diese Charlotte wird heiß serviert! Dazu die verschlossenen Gläser in eine bis zur Hälfte mit heißem Wasser gefüllte Auflaufform stellen und für etwa 20 Minuten in den auf 170 °C vorgeheizten Backofen schieben. Um zu kontrollieren, ob auch das Innere der Charlotte heiß ist, eins der Gläser öffnen, mit einem Messer in der Mitte einstechen und etwa 5 Sekunden dort belassen – danach die Klinge vorsichtig an die Lippen halten, um die Temperatur zu prüfen.

Süßes aus dem Glas

Verführerische Desserts setzen jedem Festmahl eine süße Krone auf. Und im Glas lockt, allen süßen Versuchungen voran, *Schokolade* – ob als Mousse oder Creme, als trennende Schicht oder Überzug – ein ums andere Mal als dunkles (oder auch helles!) „Juwel" unseren Gaumen. Probieren Sie eine *Mousse au chocolat „Schwarzweiß"* oder eine Schoko-Milch-Creme mit Zitronenthymian.

Früchte eignen sich ebenso, ob pur, als Mus oder Gelee, hervorragend für einen *Genuss aus dem Glas* – besonders, wenn dabei *knusprige und cremige Konsistenzen* aufeinandertreffen wie etwa bei einem Aprikosenmus mit Ingwer, Spekulatius und Schokoladenfondant oder einer Schoko-Orangencreme mit Schokohäufchen.

Dem Einfallsreichtum sind kaum Grenzen gesetzt. Auch muss *Süßes nicht immer nur süß* sein: Wie wär's daher einmal mit einem Schoko-Zichorien-Parfait mit fein gesalzenem Karamell?

Schokoladencreme mit Schoko-Streuseln

Zubereitung: 50 Minuten
Kühlzeit: 90 Minuten
Für 6 – 8 Gläser

Zutaten

Für die Schokostreusel
100 g Mehl
100 g Zucker
30 g ungesüßtes Kakaopulver
70 g gemahlene Mandeln
125 g weiche Butter

Für die Schokoladencreme
200 ml Milch
300 g Schlagsahne
6 Eigelb
70 g Zucker
250 g Zartbitterschokolade (58 % Kakaoanteil)

150 g Fondant (Rezept siehe S. 140) oder Kuvertüre
1 EL Kakaopulver

- Die Zutaten für die Streusel in einer Schüssel mit den Fingerspitzen zu einem krümeligen Teig verarbeiten und den Teig für mindestens 20 Minuten in den Kühlschrank stellen.

- Für die Schokoladencreme Milch und Sahne bei mittlerer Hitze in einem Topf erhitzen. Eigelbe und Zucker in einer Schüssel kräftig mit dem Schneebesen aufschlagen. Die kochende Sahnemilch darübergießen und alles gut verrühren. Die Mischung in den Topf gießen und bei geringer Hitze unter Rühren etwas eindicken lassen. Dabei darauf achten, dass die Creme nicht zum Kochen kommt. Die Schokolade über einer Schüssel in kleine Stücke brechen. Die heiße Creme darübergießen und gut umrühren.

- Die Gläser zu zwei Drittel mit der Creme füllen und für mindestens 1 Stunde in den Kühlschrank stellen.

- Den Streuselteig auf einem Backblech oder in einer Tarteform verteilen und im vorgeheizten Backofen bei 180 °C etwa 8 Minuten backen. Die Streusel anschließend 15 – 20 Minuten abkühlen lassen.

- In der Zwischenzeit die Cremes mit dem Fondant oder der geschmolzenen Kuvertüre überziehen und die Gläser wieder in den Kühlschrank stellen.

- Unmittelbar vor dem Servieren die Gläser mit den Streuseln auffüllen und mit Kakaopulver bestauben.

Mousse au chocolat »Schwarzweiß«

Zubereitung: 65 Minuten
Kühlzeit: 2 Stunden
Für 8 – 10 Gläser

Zutaten

Für die Schokoladencreme
150 ml Milch
100 g Schlagsahne
350 g Vollmilchschokolade

Für die weiße Mousse au chocolat
1 Blatt Gelatine
150 g Schlagsahne
150 g weiße Schokolade
Schoko-Puffreis

Für die dunkle Mousse au chocolat
250 ml Milch
3 Eigelb
30 g Zucker
200 g Zartbitterschokolade (70 % Kakaoanteil)
150 g Schlagsahne

- Für die Schokoladencreme Milch und Sahne bei mittlerer Hitze in einem Topf zum Kochen bringen. Die Schokolade über einer Schüssel in kleine Stücke brechen, die kochende Sahnemilch darübergießen und das Ganze glatt rühren. Die Gläser zu einem Viertel mit der Creme füllen und in den Kühlschrank stellen.

- Für die weiße Schokoladenmousse die Gelatine in kaltem Wasser einweichen. Die Hälfte der Sahne bei geringer Hitze in einem Topf aufkochen und die Gelatine darin auflösen. Die Schokolade über einer Schüssel in kleine Stücke brechen, die kochende Sahne darübergießen, gut umrühren und die Mischung bei Zimmertemperatur etwas abkühlen lassen.

- Die restliche Sahne schlagen und vorsichtig unter die weiße Schokoladencreme ziehen. Die Gläser aus dem Kühlschrank nehmen, die Schokoladencreme mit einer Schicht Puffreis bedecken, die weiße Mousse darauf verteilen und die Gläser zurück in den Kühlschrank stellen.

- Für die dunkle Schokoladenmousse die Milch bei mittlerer Hitze in einem Topf erhitzen. Eigelbe und Zucker in einer Schüssel kräftig mit dem Schneebesen aufschlagen, die kochende Milch darübergießen und gut umrühren. Die Mischung in den Topf eben und bei geringer Hitze unter Rühren eindicken lassen – dabei darauf achten, dass die Creme nicht zum Kochen kommt. Die Schokolade über einer Schüssel in kleine Stücke brechen, die Creme hinzugießen, gut umrühren und einige Minuten bei Zimmertemperatur abkühlen lassen.

- Die Sahne schlagen und vorsichtig unter die Mousse ziehen.

- Die Gläser mit der dunklen Mousse auffüllen und vor dem Servieren für mindestens 1 Stunde kalt stellen.

- Das Dessert unmittelbar vor dem Servieren nach Belieben mit Fondant, Puffreis, Schokoladensauce oder -spänen verzieren.

Schoko-Milch-Creme mit Zitronenthymian

Zubereitung: 95–110 Minuten
Kühlzeit: 2 Stunden
Für 8–12 Gläser

Zutaten

120 ml Milch | 400 g Schlagsahne
4 Zweige Zitronenthymian
125 g Vollmilchschokolade
3 Eigelb | 60 g Zucker

- Milch und Sahne bei mittlerer Hitze zum Kochen bringen. Den Topf sofort vom Herd nehmen, 3 Thymianzweige hinzufügen und 2–3 Minuten in der Sahnemilch ziehen lassen.
- Die Schokolade über einer Schüssel in kleine Stücke brechen, die Sahnemilch durch ein feines Sieb darüberseihen und gut umrühren.
- Eier und Zucker kräftig mit dem Schneebesen aufschlagen und unter die Schokoladenmischung ziehen.
- Die Creme auf Gläser verteilen. Eine große Auflaufform bis zur halben Höhe mit Wasser füllen, die Gläser hineinstellen und die Cremes je nach Größe der Gläser 1–1 ½ Stunden im vorgeheizten Backofen bei 90 °C garen.
- Die Cremes anschließend für mindestens 2 Stunden kalt stellen und vor dem Servieren mit dem restlichen Thymian verzieren.

Schokokekse (mit weißer Kaffeecreme)

Zubereitung: 20 Minuten
Kühlzeit: 1 Stunde
Für 4–6 Gläser

Zutaten

6 Eigelb | 100 g Zucker
400 g Mascarpone | 50 ml Kaffee-Extrakt
48 runde Schokoladenkekse | 500 ml Kaffee

- Für die Kaffeecreme Eigelbe und Zucker in einer Schüssel schaumig schlagen. Anschließend nach und nach den Mascarpone und den Kaffee-Extrakt hinzufügen und die Zutaten kräftig mit dem Schneebesen verrühren.
- Den Kaffee in eine flache Schüssel füllen und die Kekse (sie sollten etwa den Durchmesser der Gläser haben) einzeln kurz darin tränken.
- Je 2 Kekse in jedes Glas legen. Die Kaffeecreme in einen Spritzbeutel füllen und die Kekse mit einer Schicht Creme bedecken. Den Vorgang so lange wiederholen und mit einem Keks abschließen, bis nur noch ein etwa 1 Zentimeter breiter Rand frei ist.
- Die Gläser mit Frischhaltefolie abdecken und das Dessert vor dem Servieren für mindestens 1 Stunde in den Kühlschrank stellen.

Bananenmousse auf Schokocreme

Zubereitung: 40–50 Minuten
Kühlzeit: 1 Stunde
Für 6–8 Gläser

Zutaten

Für die Bananenmousse
4 Blatt Gelatine
3 Bananen
Saft von 2 Zitronen
100 g Zucker
5 cl brauner Rum
200 g Schlagsahne
1 Päckchen Vanillezucker oder
½ Vanilleschote, das Mark herausgekratzt
3 Eiweiß

500 g Schokoladencreme (Rezept siehe S. 110)
etwa 80 Mikadostäbchen
8–12 Schoko-Soft-Bären
40 g Marzipan (nach Belieben)
gelbe und braune Lebensmittelfarbe (nach Belieben)

- Für die Bananenmousse die Gelatine in kaltem Wasser einweichen.

- Die Bananen schälen und mit dem Zitronensaft und der Hälfte des Zuckers fein pürieren. Den Rum leicht erhitzen, die Gelatine darin auflösen und das Bananenpüree einrühren.

- Die Sahne schlagen, Vanillezucker oder -mark hinzufügen und die Sahne mit einem Teigschaber vorsichtig unter das Bananenpüree ziehen.

- Die Eiweiße steif schlagen, den restlichen Zucker hinzufügen und 1–2 Minuten weiterschlagen. Den Eischnee vorsichtig unter die Bananencreme heben und die Mousse für mindestens 1 Stunde in den Kühlschrank stellen.

- Die Schokoladencreme auf die Gläser verteilen (das kann bereits vor der Zubereitung der Bananenmousse geschehen) und in den Kühlschrank stellen.

- Sobald die Schokoladencreme fest ist, die Mikado-Stäbchen im Abstand von 1 Zentimeter rundherum in die Gläser stellen.

- Die Bananencreme in einen Spritzbeutel füllen und die Gläser zu zwei Drittel damit auffüllen.

- Die Schoko-Soft-Bären in »den Käfig« setzen. Aus dem Marzipan kleine Bananen formen, mit der Lebensmittelfarbe bepinseln und die Gläser damit dekorieren.

Schoko-Lollis im Teigmantel

Zubereitung: 15 Minuten am Vortag + 35 Minuten
Kühl- und Gefrierzeit: 3 Stunden
Ergibt 15–18 Stück

Zutaten

Für die Ganachecreme
150 g Schlagsahne
250 g Zartbitterschokolade
50 g Butter
3 Tropfen Kaffee-Extrakt oder anderes Aroma (nach Belieben)

Für den Ausbackteig
175 g Mehl
175 g Kartoffelstärke
1 Ei
1 Eiweiß

Öl zum Ausbacken

- Am Vortag die Ganachecreme herstellen. Dazu die Sahne bei geringer Hitze in einem Topf zum Kochen bringen. Die Schokolade über einer Schüssel in kleine Stücke brechen und die kochende Sahne darübergießen. Die Butter in kleinen Stücken dazugeben und das Ganze glatt rühren. Zum Schluss den Kaffee-Extrakt oder ein anderes Aroma Ihrer Wahl hinzufügen.

- Die Creme mit einem Löffel in einen Eiswürfelbehälter oder in kleine Silikonformen füllen und ins Gefrierfach des Kühlschranks oder in die Gefriertruhe stellen.

- Sobald die Creme fest ist, jeweils 1 Holzspieß in die Mitte stecken und die Form über Nacht zurück ins Gefrierfach stellen.

- Mehl, Stärke, Ei und Eiweiß mit dem Schneebesen zu einem glatten Teig verrühren. Gegebenenfalls mit etwas kaltem Wasser verdünnen (der Teig sollte gerade so dick sein, dass er in einer dünnen Schicht an den Lollis haften bleibt) und kalt stellen.

- Die Lollis aus der Gefrierform nehmen, mit den Händen gleichmäßig rund formen und wieder in den Kühlschrank legen.

- Das Öl in einer Fritteuse erhitzen.

- Den Teig mit dem Schneebesen kräftig aufrühren. Die Lollis einzeln durch den Teig ziehen und 1–2 Minuten ins heiße Öl tauchen, bis der Teig leicht gebräunt und die Ganache geschmolzen ist.

Schwarzweiß-Mousse und Puffreissticks (mit Schokoladenüberzug)

Zubereitung: 45 Minuten
Kühlzeit: 90 Minuten
Für 8–12 Gläser

Zutaten

Für die Puffreissticks

400 g Zartbitter-, Vollmilch- oder weiße Schokolade + 125 g Schokolade für die Dekoration
2 EL geschmacksneutrales Öl
250 g Schoko-Puffreis

Für die Mousses

500 ml Milch
6 Eigelb
20 g Zucker
200 g Zartbitterschokolade (mindestens 55 % Kakaoanteil)
250 g weiße Schokolade
300 g Schlagsahne

- Für die Mousses die Milch bei mittlerer Hitze in einem Topf erhitzen. Eigelbe und Zucker in einer Schüssel kräftig mit dem Schneebesen aufschlagen. Die kochende Milch darübergießen und umrühren. Die Mischung in den Topf gießen und bei geringer Hitze unter Rühren eindicken lassen. Dabei darauf achten, dass die Creme nicht zum Kochen kommt.

- Die Schokolade nach Farben getrennt über zwei Schüsseln in kleine Stücke brechen. Die Creme gleichmäßig auf die Schüsseln verteilen, gut umrühren und die Schokoladencremes einige Minuten bei Zimmertemperatur abkühlen lassen.

- Die Sahne schlagen, in zwei Portionen teilen und vorsichtig unter die Cremes ziehen. Die Mousses anschließend für mindestens 1 Stunde in den Kühlschrank stellen.

- Für die Puffreissticks die Schokolade – in einem Wasserbad oder in der Mikrowelle – im Öl schmelzen und den Puffreis unterrühren. Ein Stück Backpapier auf die Arbeitsfläche legen, die Mischung daraufgießen und mit einem Spatel verstreichen. Mit einem zweiten Stück Backpapier abdecken und die Masse mit dem Nudelholz dünn ausrollen (dabei nicht zu stark aufdrücken!). Auf ein Backblech oder ein großes Holzbrett legen und in den Kühlschrank stellen.

- Die Schokoladenmousses mit einem Spatel durchrühren und zwei Spritzbeutel damit befüllen.

- Die Puffreisplatte in lange, schmale Stücke brechen.

- 1 Puffreisstick in die Mitte eines Glases stellen und aufrecht halten. Mit der anderen Hand die Schokoladenmousses links und rechts davon in das Glas spritzen. Das Glas leicht auf einem Geschirrtuch aufstoßen, damit sich die Mousses im Glas verteilen. Die übrigen Gläser auf die gleiche Weise füllen.

- Die Desserts für mindestens 30 Minuten kalt stellen und vor dem Servieren mit Puffreis bestreuen.

Mousse au chocolat mit Karamell

Zubereitung: 45 – 50 Minuten
Kühlzeit: 1 Stunde
Für 6 – 8 Gläser

Zutaten

Für die Mousse
100 ml Milch
4 Eier, getrennt
120 g Zucker
250 g Vollmilchschokolade

Für den Karamell
200 g Zucker
½ Vanilleschote, das Mark herausgekratzt
50 ml Olivenöl

30 Löffelbiskuits

- Für die Mousse die Milch bei mittlerer Hitze in einem Topf erhitzen. Eigelbe und die Hälfte des Zuckers in einer Schüssel kräftig mit dem Schneebesen aufschlagen, die kochende Milch darübergießen und gut umrühren. Die Mischung in den Topf gießen und bei geringer Hitze unter Rühren eindicken lassen. Dabei darauf achten, dass die Creme nicht zum Kochen kommt. Über die zerkleinerte Schokolade gießen, gut umrühren und 30 Minuten bei Zimmertemperatur abkühlen lassen.

- Die Eiweiße steif schlagen. Den restlichen Zucker 2 – 3 Minuten unterrühren. Ein Drittel des Eischnees vorsichtig mit dem Schneebesen unter die Mousse ziehen und danach den Rest mit einem Teigschaber unterheben.

- Die Biskuits fein mahlen und die Gläser 1 Zentimeter hoch damit füllen. Mit einem Löffel oder einem Spritzbeutel eine Schicht Schokoladenmousse darauf verteilen und den Vorgang so oft wiederholen, bis nur noch ein 1 Zentimeter breiter Rand frei ist.

- Die Gläser für mindestens 1 Stunde in den Kühlschrank stellen.

- Für den Karamell den Zucker bei mittlerer Hitze mit 50 Milliliter Wasser karamellisieren lassen. Den Topf vom Herd nehmen, in die Spüle stellen und vorsichtig (der heiße Karamell spritzt und kann schmerzhafte Verbrennungen verursachen!) 100 Milliliter Wasser hinzufügen.

- Den Topf wieder auf die Herdplatte stellen und den Karamell kurz glatt rühren.

- Das Vanillemark mit dem Öl zum Karamell geben.

- Der flüssige Karamell kann im Kühlschrank oder bei Zimmertemperatur aufbewahrt werden.

Apfelgelee, Mousse au chocolat und Apfelschnee

Zubereitung: 60 Minuten
Kühlzeit: 2 x 30 Minuten
Ergibt 6–8 Gläser

Zutaten

Für das Apfelgelee
7 Blatt Gelatine
500 ml Apfelsaft
125 g Zucker

Für den Apfelschnee
1 kg Äpfel
4 Eiweiß
100 g Zucker

Für die Mousse au chocolat
150 g Schokolade
1 EL Calvados
4 Eier, getrennt

15 Löffelbiskuits

- Für das Apfelgelee die Gelatine in kaltem Wasser einweichen. Den Apfelsaft mit dem Zucker in einem Topf zum Kochen bringen. Den Topf vom Herd nehmen und die Gelatine darin auflösen. Die Gläser 2 Zentimeter hoch mit Gelee füllen und in den Kühlschrank stellen.
- Die Äpfel schälen, die Kerngehäuse entfernen und das Fruchtfleisch in kleine Würfel schneiden. Die Würfel portionsweise einige Minuten auf einem mit Frischhaltefolie ausgelegten Teller in der Mikrowelle garen oder kurz in etwas Wasser kochen. In zwei Portionen teilen und kalt stellen.

- Für die Mousse au chocolat die Schokolade im Wasserbad oder in der Mikrowelle schmelzen. Den Calvados und danach die Eigelbe einzeln unterrühren. Die Eiweiße steif schlagen und den Eischnee vorsichtig mit einem Teigschaber unter die Schokoladenmischung ziehen.

- Die Löffelbiskuits zerkrümeln und über das Apfelgelee streuen. Die Hälfte der Äpfel darauf verteilen. Die Mousse au chocolat in einen Spritzbeutel füllen, die Gläser damit auffüllen (dabei einen 1–2 Zentimeter hohen Rand frei lassen) und zurück in den Kühlschrank stellen.

- Für den Apfelschnee die Eiweiße steif schlagen. Den Zucker hinzufügen und 1–2 Minuten weiterrühren. Die restlichen Äpfel vorsichtig mit einem Teigschaber unterheben. Die Gläser damit auffüllen, den Apfelschnee glatt streichen und mit einem Küchenbunsenbrenner oder einem Crème-brûlée-Eisen karamellisieren.

- Das Gelee unmittelbar vor dem Servieren nach Belieben verflüssigen. Dazu einen Topf 2 Zentimeter hoch mit heißem Wasser füllen und die Gläser einige Sekunden hineinstellen.

Kirschcreme mit Schokolade und Kirschsahne

Zubereitung: 15 Minuten am Vortag + 20 Minuten
Kochzeit: 80 Minuten am Vortag + 8 Minuten
Kühlzeit: 1 Stunde am Vortag + 1 Stunde
Für 8–12 Gläser

Zutaten

Für die Kirschcreme
100 ml Vollmilch
6 Eigelb
75 g Zucker
500 g Schlagsahne, gut gekühlt
200 g tiefgekühlte Kirschen

Für die Schoko-Kirsch-Creme
200 ml Milch
100 g Schlagsahne
150 g Zartbitterschokolade (55 % Kakaoanteil)
125 g Vollmilchschokolade
5 cl Kirschlikör

Für die Kirschsahne
500 g Schlagsahne, gut gekühlt
2–3 EL Kirschkonfitüre
12 Weinbrand-Kirsch-Pralinen

- Die Kirschcreme am Vortag zubereiten. Dazu die Milch bei mittlerer Hitze heiß werden lassen. Eigelbe und Zucker in einer Schüssel kräftig mit dem Schneebesen aufschlagen. Die Sahne einrühren, die kochende Milch darübergießen, gut umrühren und die Creme für mindestens 1 Stunde kalt stellen.

- Die Gläser 2–3 Zentimeter hoch mit der Creme füllen und einige Kirschen hinzufügen. Die Cremes etwa 15 Minuten im Wasserbad bei 90 °C garen und anschließend in den Kühlschrank stellen.

- Für die Ganachecreme die Schokolade über einer Schüssel in kleine Stücke brechen. Milch und Sahne bei mittlerer Hitze aufkochen lassen und über die Schokolade gießen. Die Schokolade unter Rühren schmelzen lassen und den Likör unterrühren. Die Creme auf die Kirschcreme gießen (etwa 1 Zentimeter hoch) und die Gläser zurück in den Kühlschrank stellen.

- Die Sahne relativ steif schlagen und die Konfitüre vorsichtig mit einem Teigschaber unterziehen. Die Sahne in einen Spritzbeutel füllen und die Cremes damit garnieren. Die Gläser zum Schluss mit den Pralinen verzieren.

Schoko-Kirsch-Traum mit Schlagsahne

Zubereitung: 20 Minuten
Kühlzeit: 30 Minuten
Für 8–12 Gläser

Zutaten

Für die Sahne
500 g Schlagsahne, gut gekühlt
100 g Puderzucker
Mark von ½ Vanilleschote oder einige Tropfen Vanilleextrakt

800 g Brownies oder Schokoladenkuchen
200 ml Kirschsirup oder Kirschlikör
500 g Kirschen, entsteint
250 g Schokoladenraspel

- Die Sahne in eine kalte Schüssel gießen (die Schüssel gegebenenfalls in eine zweite mit Eiswürfeln gefüllte Schüssel stellen) und relativ steif schlagen. Puderzucker und Vanille einrühren und die Sahne kalt stellen (Achtung: Die Sahne darf nur wenige Stunden im Kühlschrank aufbewahrt werden!).

- Die Brownies oder den Kuchen in Würfel schneiden und die Gläser mit einer Schicht Kuchenwürfel füllen. Die Würfel mit den Fingerspitzen etwas andrücken. Den Kirschsirup oder -likör mit 50 Milliliter Wasser verrühren und den Kuchen damit beträufeln. Einige Kirschen darauf verteilen und mit Sahne garnieren. Den Vorgang wiederholen, bis die Gläser voll sind. Das Dessert für etwa 30 Minuten in den Kühlschrank stellen und vor dem Servieren mit Schokoladenspänen verzieren.

Birnen-Passionsfrucht-Mus mit Schokoladencreme

Zubereitung: 75 Minuten
Kühlzeit: 45 Minuten
Für 8–12 Gläser

Zutaten

Für das Mus

15 Birnen, pochiert
70 g Zucker
3 Kugeln Passionsfruchtsorbet
4 Passionsfrüchte
75 g Farinzucker (nach Belieben)

Für die Konditorcreme

4 Blatt Gelatine
500 ml Milch
200 g Schlagsahne
8 Eigelb
80 g Zucker
40 g Maisstärke
30 g Kakaopulver
4 Eiweiß
125 g Puderzucker

- Für das Mus den Stiel und Stielansatz von 8–12 Birnen abschneiden und zur Seite legen. Die restlichen Birnen in grobe Würfel schneiden. Den Zucker in einer Pfanne leicht karamellisieren lassen und die Birnenwürfel 5–6 Minuten bei mittlerer Hitze darin kochen. Das Sorbet, Fruchtfleisch und Kerne der Passionsfrüchte hinzufügen, das Ganze 6–8 Minuten unter Rühren kochen und anschließend abkühlen lassen.

- Für die Konditorcreme die Gelatine in kaltem Wasser einweichen. Milch und Sahne bei mittlerer Hitze in einem Topf zum Kochen bringen.

- In der Zwischenzeit Eigelbe und Zucker in einer Schüssel cremig aufschlagen. Stärke und Kakaopulver unterrühren, die kochende Milch darübergießen und gut umrühren. Die Mischung zurück in den Topf gießen und 5–7 Minuten bei geringer Hitze unter Rühren eindicken lassen. Die Creme in eine Schüssel füllen und die Gelatine darin auflösen.

- Die Eiweiße steif schlagen, den Puderzucker hinzufügen und einige Minuten unterrühren. Den Eischnee vorsichtig unter die noch heiße Creme ziehen.

- Die Gläser zu etwa einem Drittel mit dem Mus füllen. Die Creme mit einem Spritzbeutel darauf verteilen, die Birnenstiele daraufsetzen und leicht hineindrücken. Die Desserts für mindestens 45 Minuten in den Kühlschrank stellen.

- Die Desserts vor dem Servieren nach Belieben mit Farinzucker bestreuen und den Zucker mit einem Küchenbunsenbrenner oder einem Crème-brûlée-Eisen karamellisieren.

Weiße Schokoladenmousse mit Erdbeerpüree und Wasabi

Zubereitung: 40 Minuten
Kühlzeit: 1 Stunde
Für 6–8 Gläser

Zutaten

Für die Schokoladenmousse
2 Blatt Gelatine
500 g Schlagsahne
300 g weiße Schokolade

Für die weiße Wasabi-Ganache
150 g Schlagsahne
15 g Wasabipulver
140 g weiße Schokolade

Für das Erdbeerpüree
400 g Erdbeeren
40 g Puderzucker
Saft von ½ Zitrone

- Für die Mousse die Gelatine in kaltem Wasser einweichen. 200 Gramm Sahne bei geringer Hitze in einem Topf zum Kochen bringen und die Gelatine darin auflösen. Die Schokolade über einer Schüssel in kleine Stücke brechen und die Sahne darübergießen. Die Schokolade unter Rühren schmelzen lassen und die Mischung 8 – 10 Minuten bei Zimmertemperatur abkühlen lassen, bis sie lauwarm ist.

- Die restliche Sahne schlagen und vorsichtig unter die Creme ziehen.

- Die Gläser zu zwei Drittel mit der Mousse füllen und für mindestens 40 Minuten in den Kühlschrank stellen.

- Für die Ganache die Sahne in einen Topf gießen, das Wasabipulver einrühren und alles bei mittlerer Hitze aufkochen lassen. Die Schokolade über einer Schüssel in kleine Stücke brechen, die kochende Sahne darübergießen und die Schokolade unter Rühren schmelzen lassen. Eine dünne Schicht Ganache auf die Mousse au chocolat gießen und mindestens 20 Minuten im Kühlschrank fest werden lassen.

- Die Erdbeeren waschen, entstielen und klein schneiden. Mit Puderzucker, Zitronensaft und 2 Esslöffeln Wasser in eine kleine Schüssel füllen. Mit der Gabel zu einem relativ flüssigen Püree zerdrücken und unmittelbar vor dem Servieren die Creme in den Gläsern großzügig damit bedecken.

Mousse au chocolat mit Himbeeren

Zubereitung: 36 Minuten
Kühlzeit: 75 Minuten
Für 8–12 Gläser

Zutaten

Für die Mousse
150 ml Milch
400 g Schlagsahne
350 g Vollmilchschokolade
100 g Himbeeren

100 ml Himbeersirup oder -likör
36 Biscuits roses de Reims
frische Himbeeren, Schokoladenspäne und/oder Himbeer-Coulis zum Garnieren

▮ Für die Mousse die Milch bei mittlerer Hitze mit 100 Gramm Sahne zum Kochen bringen. Die Schokolade über einer Schüssel in kleine Stücke brechen, die kochende Milch darübergießen und die Schokolade unter Rühren schmelzen lassen. Die Himbeeren hinzufügen, die Creme mit dem Schneebesen glatt rühren und etwa 15 Minuten bei Zimmertemperatur abkühlen lassen.

▮ Die restliche – gut gekühlte – Sahne schlagen und vorsichtig mit einem Teigschaber unterziehen.

▮ Den Sirup mit 100 Milliliter Wasser verrühren. Die Biskuits kurz darin tränken und die Böden der Gläser damit auslegen. Die Mousse mit einem Spritzbeutel oder einem Löffel darauf verteilen. Den Vorgang je nach Größe der Gläser gegebenenfalls wiederholen – inzwischen das Dessert für mindestens 30 Minuten kalt stellen.

▮ Das Dessert vor dem Servieren nach Belieben mit frischen Himbeeren, Schokoladenspänen und/oder Himbeer-Coulis garnieren.

Weiße Schoko-Kokos-Creme mit Amarena-Kirschen

Zubereitung: 27 Minuten
Kühlzeit: 40 Minuten für die erste Schicht + 30 Minuten für die weiteren Schichten
Für 4–6 Gläser

Zutaten

Für die Creme
2 Blatt Gelatine
150 g weiße Schokolade
100 g Kokosraspeln
400 ml Kokosmilch

150 g Amarena-Kirschen aus dem Glas
50 g Kokosraspeln

- Die Gelatine in kaltem Wasser einweichen. Die Schokolade über einer Schüssel in kleine Stücke brechen und die Kokosraspeln hinzufügen. Die Kokosmilch aufkochen und die Gelatine darin auflösen. Über die Schokolade gießen und gut umrühren.

- Die Gläser 1–2 Zentimeter hoch mit der Creme füllen und für etwa 40 Minuten in den Kühlschrank stellen.

- Einige Kirschen mit etwas Sirup aus dem Glas auf der Creme verteilen, mit einer weiteren Cremeschicht bedecken und die Creme im Kühlschrank fest werden lassen. Den Vorgang so lange wiederholen, bis die Gläser voll sind.

- Die Kokosraspeln im Backofen leicht rösten und die Desserts unmittelbar vor dem Servieren damit bestreuen.

Rot und Schwarz

Zubereitung: 50 Minuten
Kühlzeit: 2 Stunden
Für 6–8 Gläser

Zutaten

Für die Rote Grütze
250 g Erdbeeren
100 g rote Johannisbeeren
150 g Himbeeren
3 Blatt Gelatine
200 ml Himbeer-Coulis

Für die Schokoladencreme
300 ml Milch
300 g Schlagsahne
7 Eigelb
80 g Zucker
300 g Zartbitterschokolade
(55 % Kakaoanteil)

250 g Fondant (Rezept siehe S. 140)

▮ Für die Rote Grütze die Erdbeeren entstielen und klein schneiden. Die Johannisbeeren von den Rispen streifen und mit den Erdbeeren und Himbeeren mischen.

▮ Die Gelatine in kaltem Wasser einweichen. Die Himbeer-Coulis bei geringer Hitze in einem kleinen Topf erhitzen, anschließend den Topf vom Herd nehmen und die Gelatine darin auflösen. Die Coulis über die Beeren gießen und vorsichtig umrühren.

▮ Die Gläser zur Hälfte damit füllen und 30–40 Minuten in den Kühlschrank stellen (um den gleichen Effekt wie auf dem Foto zu erzielen, eine Form – eine weite Schale oder Kuchenform – zu einer Hälfte mit Mehl füllen und die Gläser schräg in die Form legen, zur Stabilisierung leicht ins Mehl hineindrücken).

▮ Den Fondant leicht erwärmen und die erstarrte Grütze dünn damit überziehen.

▮ Für die Schokoladencreme Milch und Sahne bei mittlerer Hitze in einem Topf erhitzen. Eigelbe und Zucker in einer Schüssel kräftig mit dem Schneebesen aufschlagen. Die kochende Milch darübergießen und umrühren. Die Mischung zurück in den Topf gießen und bei geringer Hitze unter Rühren eindicken lassen. Dabei darauf achten, dass die Creme nicht zum Kochen kommt. Die heiße Creme über die in eine Schüssel zerbrochene Schokolade gießen und gut umrühren.

▮ Die Creme in die Gläser füllen und mindestens 90 Minuten im Kühlschrank fest werden lassen.

▮ Das Dessert vor dem Servieren nach Belieben mit rot gefärbten Streuseln (wie auf dem Foto) oder einigen roten Johannisbeeren bestreuen.

Aprikosenmus mit Ingwer, Spekulatius und Schokoladenfondant

Zubereitung: 70 Minuten
Kühlzeit: 30 Minuten
Für 8–12 Gläser

Zutaten

Für den Schokoladenfondant
180 g Zucker
4 Blatt Gelatine
60 g Kakaopulver
100 g Schlagsahne

125 g Zucker
500 g getrocknete Aprikosen
30 g eingelegte Ingwerscheiben
250 g Spekulatius

- Für den Fondant den Zucker in einem mittelgroßen Topf mit 150 Milliliter Wasser zum Kochen bringen. Die Gelatine in kaltem Wasser einweichen. Das Kakaopulver in den kochenden Zuckersirup geben und die Mischung 5 Minuten bei geringer Hitze unter Rühren köcheln lassen. In einem zweiten Topf die Sahne aufkochen, zum Sirup gießen und alles weitere 5 Minuten bei geringer Hitze unter Rühren köcheln. Den Topf vom Herd nehmen und die Mischung 15–20 Minuten abkühlen lassen. Die Gelatine darin auflösen und den Fondant vollständig auskühlen lassen.

- Für das Aprikosenmus den Zucker mit 500 Milliliter Wasser aufkochen und die Aprikosen 5–7 Minuten darin kochen. Die Früchte aus dem Topf nehmen und mit etwa 3 Esslöffeln Kochflüssigkeit und dem Ingwer im Mixer zu einer sämigen Paste verrühren.

- Den Spekulatius fein mahlen.

- Die Gläser zu einem Drittel mit dem Aprikosenmus füllen und mit einer dünnen Schicht Spekulatius bedecken. Anschließend den lauwarmen Fondant bis zur Höhe eines weiteren Drittels in die Gläser füllen und für mindestens 30 Minuten in den Kühlschrank stellen, bis der Fondant fest ist.

- Die Desserts unmittelbar vor dem Servieren mit dem restlichen Spekulatius bestreuen und mit dem restlichen Aprikosenmus auffüllen.

Schokoladencreme mit Grünteesirup

Zubereitung: 45 Minuten
Kühlzeit: 90 Minuten
Für 6–8 Gläser

Zutaten

Für die Schokoladencreme
500 g Zartbitterschokolade
(50–55 % Kakaoanteil)
400 ml Milch
600 g Schlagsahne
12 Eigelb
130 g Zucker

Für den Sirup
1 l Mineralwasser
140 g Zucker
30 g Matcha (fein gemahlener grüner Tee)
4 Blatt Gelatine

24 Löffelbiskuits

- Für die Schokoladencreme die Schokolade über einer Schüssel in kleine Stücke brechen. Milch und Sahne bei mittlerer Hitze in einem Topf erhitzen. Eigelbe und Zucker in einer Schüssel kräftig mit dem Schneebesen aufschlagen. Die kochende Milch darübergießen und umrühren. Die Mischung zurück in den Topf gießen und bei geringer Hitze unter Rühren eindicken lassen. Dabei darauf achten, dass die Creme nicht zum Kochen kommt. Über die Schokolade gießen, gut umrühren und bei Zimmertemperatur abkühlen lassen.

- Für den Sirup das Mineralwasser mit dem Zucker aufkochen. Den Topf vom Herd nehmen und das Grünteepulver einrühren.

- Die Gelatine in kaltem Wasser einweichen. Ein Viertel des Sirups abnehmen und die Gelatine darin auflösen.

- Die Löffelbiskuits in kleine Stücke brechen und die Gläser etwa 1 Zentimeter hoch damit füllen. Mit Sirup (ohne Gelatine) beträufeln und mit den Fingerspitzen leicht andrücken.

- Eine Schicht Schokoladencreme darauf verteilen und die Gläser etwa 30 Minuten kalt stellen.

- Den Vorgang wiederholen und die Gläser nochmals 30 Minuten in den Kühlschrank stellen.

- Sobald die Schokoladencreme fest ist, sie etwa 1 Zentimeter hoch mit Sirup (mit Gelatine) bedecken und die Gläser wieder in den Kühlschrank stellen.

- Unmittelbar vor dem Servieren die Sirupreste in einem Siphon emulgieren und die Desserts damit verzieren.

Schoko-Pfefferminz-Creme

Zubereitung + Kühlzeit: 50 Minuten
Kochzeit: 10 Minuten

Zutaten

Für die Schoko-Pfefferminz-Creme
150 g Zartbitterschokolade
(70 % Kakaoanteil)
150 ml Milch
2 Eigelb
2 cl Minzlikör oder -sirup
150 g Schlagsahne

Für die Minzglasur
125 g weiße Schokolade
50 g Schlagsahne
2 cl Minzlikör oder -sirup

125 g Mokkabohnen oder
Schokoladendragees
200 g Zartbitterschokolade
1 EL geschmacksneutrales Öl
15 cl Minzlikör oder -sirup
8–12 frische Pfefferminzblätter

- Für die Schoko-Pfefferminz-Creme die Schokolade über einer Schüssel in kleine Stücke brechen. Die Milch bei mittlerer Hitze in einem Topf zum Kochen bringen und über die Schokolade gießen. Unter Rühren schmelzen lassen und glatt rühren. Eigelbe und Likör einrühren und die Mischung einige Minuten abkühlen lassen.

- In der Zwischenzeit die Sahne schlagen. Mit einem Teigschaber vorsichtig unter die lauwarme Creme ziehen und anschließend die Creme kalt stellen.

- Für die Glasur die Schokolade über einer Schüssel in kleine Stücke brechen. Die Sahne mit dem Likör in einem Topf oder in der Mikrowelle erhitzen (aber nicht kochen lassen) und über die Schokolade gießen. Umrühren und bei Zimmertemperatur abkühlen lassen.

- Die Zartbitterschokolade zusammen mit dem Öl im Wasserbad oder in der Mikrowelle schmelzen lassen.

- Inzwischen die Mokkabohnen auf die Gläser verteilen, mit dem Likör bedecken und mit einer dünnen Schicht geschmolzener Zartbitterschokolade überziehen (am besten mithilfe eines kleinen Spritzbeutels aus Papier – siehe Seiten 74–75).
Die Gläser anschließend für einige Minuten in den Kühlschrank stellen, bis die Schokolade erstarrt ist.

- Die Schoko-Pfefferminz-Creme vorsichtig mit einem Teigschaber durchrühren, in einen Spritzbeutel füllen, die Gläser damit auffüllen (dabei einen Rand von etwa ½ Zentimeter frei lassen) und in den Kühlschrank zurückstellen.

- Die Blätter der Pfefferminze auf beiden Seiten mit der geschmolzenen Schokolade bepinseln und auf einer mit Frischhaltefolie ausgelegten Platte im Kühlschrank trocknen und fest werden lassen.

- Die Glasur leicht erwärmen, die Gläser bis zum Rand damit auffüllen und zurück in den Kühlschrank stellen.

- Die Desserts unmittelbar vor dem Servieren mit den Pfefferminzblättern dekorieren.

Zimt-Ingwer-Orangen mit heißer Schokoladensauce

Zubereitung: 32 Minuten
Für 4–6 Gläser

Zutaten

Für die Orangen
4–6 Orangen
300 ml Orangensaft
1 EL Zucker
1 TL Zimt
1 TL gemahlener Ingwer

Für die Schokoladensauce
300 ml Milch
100 g Schlagsahne
70 g Zartbitterschokolade
70 g Gewürzbrot

- Die Orangen mit einem kleinen Messer dick abschälen und waagrecht in gleichmäßige Scheiben schneiden. Die Scheiben wieder zusammensetzen, jeweils mit einem Zahnstocher feststecken und kalt stellen.

- Den Orangensaft mit Zucker und Gewürzen bei mittlerer Hitze in einem Topf aufkochen und anschließend abkühlen lassen.

- Die Zutaten für die Schokoladensauce bei geringer Hitze langsam in einem Topf erhitzen und dabei mit dem Schneebesen permanent rühren, bis die Mischung glatt und heiß ist.

- Die Orangen auf die Gläser verteilen und mit dem Orangensaft begießen. Die Schokolade auf separate Gläschen verteilen und getrennt dazu servieren oder die Orangen unmittelbar vor dem Servieren damit überziehen.

Schoko-Orangencreme mit knusprigen Schokohäufchen

Zubereitung: 42 Minuten
Kühlzeit: 40 Minuten
Für 8–12 Gläser

Zutaten

Für die Schoko-Orangencreme
80 g Zartbitterschokolade (70 % Kakaoanteil)
150 g Vollmilchschokolade
200 g Schlagsahne
80 ml Orangensaft
50 g Butter in kleinen Stücken
2 cl Orangenlikör

Für die Schokohäufchen
250 g Zartbitterschokolade
200 g Hohlhippen
100 g kandierte Orangenscheiben

- Für die Creme die Schokolade über einer Schüssel in kleine Stücke brechen. Die Sahne mit dem Orangensaft und der Butter aufkochen und sofort über die Schokolade gießen. Die Schokolade unter Rühren schmelzen lassen und glatt rühren. Den Likör einrühren und die Creme in den Kühlschrank stellen.

- Für die Schoko-Häufchen die Schokolade in kleine Stücke brechen und im Wasserbad oder in der Mikrowelle schmelzen.

- In der Zwischenzeit das Hippengebäck (oder die Reiswaffeln) vorsichtig in kleine Stücken brechen und die Hälfte der kandierten Orangen fein hacken. In einer Schüssel mischen, die geschmolzene Schokolade darübergießen und mit einem Teigschaber vorsichtig umrühren.

- Einen Teller oder eine Platte mit Pergamentpapier auslegen, die Mischung mit einem Teelöffel in kleinen Häufchen (dabei den Durchmesser der Gläser beachten) darauf verteilen und im Kühlschrank fest werden lassen.

- In jedes Glas 1 Schokohäufchen legen. Die Creme vorsichtig mit einem Teigschaber durchrühren, in einen Spritzbeutel füllen, die Gläser bis unter den Rand mit der Creme auffüllen und zurück in den Kühlschrank stellen.

- Die Desserts unmittelbar vor dem Servieren mit den Resten der Knusperhäufchen und der kandierten Orangenscheiben und/oder mit geschmolzener Schokolade verzieren.

Schoko-Zichorien-Parfait mit fein gesalzenem Karamell

Zubereitung: 60 Minuten
Gefrierzeit: 3 Stunden
Für 8–10 Gläser

Zutaten

Für das Parfait
150 g Zucker
8 Eigelb
20 g flüssiger Zichorienextrakt oder Zichorienpulver
40 g Kakaopulver
500 g Schlagsahne, gut gekühlt

Für den Karamell
100 g Zucker
150 g Schlagsahne
40 g gesalzene Butter
2 Prisen Meersalz

- Für das Parfait den Zucker mit 70 Milliliter Wasser in einem Topf auf 120 °C erhitzen.

- Die Eigelbe in der Küchenmaschine bei mittlerer Geschwindigkeit aufschlagen. Nach und nach den Zuckersirup hinzufügen und die Geschwindigkeit dabei etwas erhöhen. Sobald die Mischung ihr Volumen verdoppelt hat, die Geschwindigkeit verringern, Zichorie und Kakaopulver hinzufügen und die Mischung weiterschlagen, bis sie fast erkaltet ist.

- In der Zwischenzeit die Sahne in einer gut gekühlten Rührschüssel (die Schüssel zum Schlagen in ein mit Eiswürfeln gefülltes Gefäß stellen) nicht zu steif schlagen und danach vorsichtig mit einem Teigschaber unter die Eigelbmischung heben.

- Die Gläser zu zwei Drittel mit der Mischung füllen und für mindestens 3 Stunden in das Gefrierfach des Kühlschranks oder in die Gefriertruhe stellen.

- Für den Karamell den Zucker in einem Topf mit 50 Milliliter Wasser auf 170 °C erhitzen.

- Inzwischen die Sahne in der Mikrowelle erhitzen, bis sie zu sieden beginnt.

- Sobald der Karamell die Temperatur von 170 °C erreicht hat (die Temperatur mit einem Zuckerthermometer prüfen), den Topf vom Herd nehmen und Sahne (Vorsicht, das spritzt!) sowie die Butter und das Salz hinzufügen. Den Topf wieder auf die Herdplatte stellen und die Zutaten 2–3 Minuten bei geringer Hitze verrühren. Den Karamell anschließend bei Zimmertemperatur abkühlen lassen.

- Etwa ein Drittel der Karamellsauce in den Siphon füllen, die Kartusche einsetzen und den Siphon senkrecht haltend – mit dem Kopf nach unten – kräftig schütteln.

- Die Parfaits aus dem Gefrierfach nehmen, den Karamell aufspritzen und sofort servieren.

Torrone-Parfait

Zubereitung: 45–50 Minuten
Gefrierzeit: 3 Stunden
Ergibt 8–12 Gläser

Zutaten

150 g kandierte Früchte
5 cl Orangenlikör
180 g Nüsse (Pistazien, Mandeln, Haselnüsse o. a.)
180 g Zucker
100 g Honig
50 g Glukose
500 g Schlagsahne
80 g Kakaopulver
5 Eiweiß

- Die kandierten Früchte in eine Schüssel füllen, mit dem Likör begießen und ziehen lassen.

- Die Nüsse mit 100 Gramm Zucker bei mittlerer Hitze in einer Pfanne karamellisieren lassen. Dabei mit einem Holzpfannenwender permanent rühren. Den Karamell grob hacken und beiseitestellen.

- Honig, Glukose und 50 Gramm Zucker bei mittlerer Hitze in einem Topf auf 120 °C erhitzen (die Temperatur mit einem Zuckerthermometer prüfen).

- In der Zwischenzeit die Eiweiße mit dem Handmixer steif schlagen. Den restlichen Zucker hinzufügen und weiterschlagen, bis sich der Zucker aufgelöst hat. Die Geschwindigkeit verringern, den Honigsirup in einem feinen Strahl einlaufen lassen und so lange weiterschlagen, bis die Mischung vollständig ausgekühlt ist.

- Die Sahne mit dem Kakaopulver schlagen. Die kandierten Früchte und die Nüsse vorsichtig unter die Eiweißmischung heben und danach die Sahne mit einem Teigschaber unterziehen.

- Die Mischung in die Gläser füllen, glatt streichen und für mindestens 3 Stunden in das Gefrierfach des Kühlschranks oder in die Gefriertruhe stellen und gefrieren lassen.

Trüffel-Parfait mit Lavendel

Zubereitung: 20–22 Minuten
Gefrierzeit: 2 ½ Stunden
Für 6–8 Gläser

Zutaten

350 g Vollmilchschokolade
200 g Zartbitterschokolade
50 g Butter
250 ml Milch
5 g Lavendel
Kakaopulver

▮ Die Schokolade über einer Schüssel in kleine Stückchen brechen und die Butter ebenfalls in kleinen Stücken hinzugeben. Dann die Milch bei mittlerer Hitze aufkochen. Den Topf mit der heißen Milch sofort vom Herd nehmen, den Lavendel hinzufügen und 2–3 Minuten in der Milch ziehen lassen. Die Milch durch ein feines Sieb auf die Schokolade und die Butter seihen und die Zutaten gut verrühren.

▮ Die Hälfte der Schokoladencreme auf die Gläser verteilen, die andere Hälfte in eine Silikon-Muffinform füllen und beides für 2 ½ Stunden in das Gefrierfach des Kühlschranks oder in die Gefriertruhe stellen.

▮ Kurz vor dem Servieren die Trüffel aus der Form lösen und über Kopf in die Gläser setzen. Mit Kakaopulver bestäuben und sofort servieren.

Erdbeeren mit Basilikum und Limoncello

Zubereitung: 20 Minuten
Kühlzeit: 15 Minuten
Für 6–8 Gläser

Zutaten

400 g Erdbeeren
50 g Zucker
15 cl Limoncello (Zitronenlikör)
1 Bund Basilikum

▮ Aus Zucker und 200 Milliliter Wasser einen Sirup herstellen. Den Topf vom Herd nehmen, den Likör einrühren und abkühlen lassen.

▮ Die Basilikumblätter abzupfen, sehr fein schneiden und mit den Erdbeeren mischen. Auf Gläser verteilen und mit dem Sirup übergießen.

▮ Gut gekühlt und mit Basilikum garniert servieren.

Schokoladengranita mit Baileys

Zubereitung: 17 Minuten
Gefrierzeit: 3 Stunden
Für 6–8 Gläser

Zutaten

100 g Zucker
3 EL Kakaopulver
15 cl Baileys

- Den Zucker mit 500 Milliliter Wasser in einem Topf zum Kochen bringen. Den Topf vom Herd nehmen und das Kakaopulver einrühren.

- Den Sirup in eine Schale gießen, bei Zimmertemperatur abkühlen lassen und danach für 3 Stunden in das Gefrierfach des Kühlschranks oder in die Gefriertruhe stellen. Die Granita während des Gefrierens alle 30 Minuten mit einer Gabel durchrühren, um die Eiskristalle aufzubrechen.

- 30 Minuten vor dem Servieren die Gläser ebenfalls eiskalt stellen.

- Unmittelbar vor dem Servieren die Granita in die Gläser füllen und mit etwas Baileys beträufeln.

Bezugsquellen:
iSi Deutschland: www.isideutschland.de
mastrad: www.mastrad.fr
Mosa: www.twmosa.com/products.php?level1_id=1&level2_id=25
LISS: über www.ungarnmarkt.de

Ebenfalls erhältlich …

ISBN 978-3-95961-365-1

ISBN 978-3-95961-256-2

ISBN 978-3-95961-400-9

ISBN 978-3-95961-215-9